W0198193

Marianna Buser   Antonia Koch

Von fast vergessenen

Gemüsen

Kräutern und Beeren

 HÄDECKE

Herzlichen Dank

– allen, die uns mit ihrem botani-
schen Fachwissen und ihrer
Fachliteratur unterstützt haben.

– allen, die uns Setzlinge für die
Aufzucht in unseren Hausgärten und
entsprechende Frischprodukte für
die Testküche zur Verfügung gestellt
haben.

– unseren Freunden, die unser
Buchprojekt mit viel motivierenden
Worten und Ruhe mitgetragen
haben.

– Marianne und Erland Eichmann
für ihre Gastfreundschaft auf Schloss
Wildegg.

Lizenzausgabe für Hädecke Verlag,
D-71526 Weil der Stadt
Alle Rechte vorbehalten, einschließlich
derjenigen des auszugsweisen
Abdrucks und der elektronischen
Wiedergabe.

© 2002 Edition Fona GmbH,
CH-5600 Lenzburg
Gestaltung Umschlag:
Dora Eichenberger-Hirter, Birrwil
Gestaltung Inhalt:
Ursula Mötteli, Grafikdesign, Aarau
Fotos: Andreas Thumm, Freiburg i. Br.
Lithos: Neue Schwitter AG, Allschwil
Printed in Germany, 2002

ISBN 3-7750-0384-3

frühling

sommer

herbst

winter

Wo nicht anders vermerkt, sind die Rezepte
für 4 Personen berechnet

In der Volksheilkunde stossen wir immer wieder auf fast

vergessene Pflanzen, welche die Menschen für die Gesundheitspflege angebaut

haben. Als Nahrungsmittel hatten sie aber damals keine Bedeutung.

Erst Jahrtausende später und mit der Entdeckung, dass die Erde eine Kugel sei,

den ausgedehnten Reisen der Seefahrer, den vielen Kriegen usw. konnten sich

die Pflanzen in allen Erdteilen ausbreiten. Vielerorts begannen sich die Menschen

mit ihnen auch als Nahrungsmittel intensiv auseinander zu setzen.

Ob im Haus- oder Bauerngarten, im Schloss- oder Klostergarten, die Menschen

lebten mit der Natur und waren auch immer Selbstversorger. Entsprechend viel-

seitig war im Jahreslauf ihre Küche. Viel Grün im Frühling; zarte Knollen und

Beeren im Sommer; Obst, Kohl, Getreide und Wurzeln im Herbst; und während

der langen und harten Wintermonate Gemüse, welches im Freien überwintern

konnte. Daneben wurden Wurzeln, Früchte und Getreide auf dem Dachboden

oder im Keller gelagert. Die Erträge waren oft sehr bescheiden und zudem

wetterabhängig. Aber zum Überleben reichte es.

Die Technisierung der Landwirtschaft im 20. Jahrhundert und die Monopolisierung des Saatgutmarktes hatten ihren Preis. Viele Kulturpflanzen erwiesen sich für diese Anbaumethoden als ungeeignet und zu wenig ertragreich. Sie gerieten in Vergessenheit.

Nur mit viel Glück und dem großen Engagement von hartnäckigen «Gemüsegelehrten» konnten viele alte Kulturpflanzen wie zum Beispiel Haferwurzel, Knollenziest (Stachys), Baumspinat und viele andere Gemüsearten überleben.

Nicht wenige von ihnen, u. a. Kürbis, Zuckermais, Federkohl, Kardy, Pastinake sind in die Gemüseläden und in die Supermärkte zurückgekehrt. Zahlreiche andere «Raritäten» werden in den nächsten Jahren folgen.

Kommen Sie mit auf die kulinarische Entdeckungsreise und überzeugen Sie sich selbst, dass es sich lohnt, die bedrohten Kleinode zu hegen und zu pflegen.

frühling

Artischocke
Cynara scolymus

Herkunft
Die Artischocke ist im Mittelmeerraum beheimatet. Sie war
schon 500 v. Chr. in Ägypten
und im christlichen Rom als
teure Spezialität bekannt. Seit
dem 15. Jahrhundert hat sich
der Anbau über Frankreich
nach England und später auch
in die USA ausgebreitet.

Pflanze
Die Artischocke ist ein Korbblütler; sie zählt zu den
Riesendisteln. Die wärmeliebende Pflanze muss in rauhen
Gegenden vor dem Winter-
einbruch zugedeckt werden.
Wenn man große Blütenknospen ernten will, dürfen nur

drei Triebe stehen gelassen
werden, die restlichen müssen
ausgebrochen (abgeschnitten)
werden. Geerntet werden die
noch nicht voll entwickelten
grünen Blütenköpfe.

Inhaltsstoffe/Wirkung
Neben Vitaminen und Mineralstoffen enthält die Artischocke
Cynarin und Inulin. Cynarin
ist ein leberfreundlicher, der
Magenschleimhaut zuträglicher
Bitterstoff, der auch verdauungsfördernd wirkt. Inulin ist
eine Stärkeart, die durch den
Verdauungsprozess in Frucht-
zucker umgewandelt wird und
so auch für Diabetiker geeignet ist. Die Artischocke wird
zu den aphrodisischen Lebens-
mitteln gezählt.

Küche
Von der Blütenknospe ess-
bar sind der untere Teil der
Kelchblätter und der flache
Blütenboden. Die Artischocken
weder in einem Alu- noch in
einem Eisentopf kochen, da
sie ihre Farbe verlieren und
zudem einen leichten Metall-
geschmack annehmen.

Bärlauch
Allium ursinum

Synoyme
Bärenlauch, Hexenzwiebel,
Judenzwiebel, Waldknoblauch,
Wilder Knoblauch, Wurmlauch,
Zigeunerlauch, Zigeuner-
zwiebel

Pfarrer Künzle sagte zum Bärlauch: «Wohl kein Kraut der
Erde ist so wirksam zur Reini-
gung von Magen, Gedärmen
und Blut wie der Bärlauch».

Pflanze
Das Liliengewächs wächst zum
Teil in großen Kolonien in
schattigen und feuchten Wäl-
dern und Parks. Wo Bärlauch
üppig sprießt, dürfen ohne
weiteres ein paar Zwiebeln

ausgegraben und in den eigenen Garten gepflanzt werden. Aus der länglichen Zwiebel wächst ein Stängel, der bis 25 cm hoch werden kann und sich mit sternförmigen schneeweißen Blüten schmückt, die eine wunderschöne kugelige Blumenkrone bilden. Die elliptisch-lanzettlich lang gestielten Blätter haben eine sattgrüne Farbe. Die jungen Blätter werden vor der Blüte je nach Region von Februar bis Mai gesammelt. Eine Verwechslung mit den Herbstzeitlose- und Maiglöckchenblättern kann vermieden werden: Blätter leicht verreiben. Nur der Bärlauch entfaltet das typische Knoblaucharoma.

Inhaltsstoffe/Wirkung

Das ätherische Öl Allicin und Vitamin C sind die bekanntesten Inhaltsstoffe. Die Wirkung des frischen Bärlauchs ist ähnlich wie die des Knoblauchs. Er regt die Magensäfte an und stoppt Fäulnis- und Gärungsprozesse im Magen und Darm. Die Blätter wirken harntreibend und blutreinigend.

Küche

Die jungen, zarten Blätter für Salate, Quarksaucen oder Pesto (gleiche Zubereitung wie Basilikum-Pesto) und zum Aromatisieren von Öl verwenden. Die Blätter können

wie Spinat gedünstet oder gedämpft oder zu einer feinen Cremesuppe verarbeitet werden. Das charakteristische Aroma geht leider durch den Garprozess verloren. Blüten und Zwiebelchen können dem Salat beigemischt oder als Garnitur verwendet werden; sie schmecken angenehm süß und dezent nach Knoblauch.

Beinwell
Symphytum officinale

Synonyme

Beinwurz, Bienenkraut, Chüechlichrut, Eselohrwurzel, Hasenlaub, Honigblum, Schmalwurz, Schwarzwurz, Speckwurz, Wallwurz, Wottel, Zottel

Pflanze

Aus dem dicken, schwarzbraunen Wurzelstock wachsen verästelte Stängel von 50 cm bis 1 Meter Höhe mit unterschiedlich großen breit-lanzettförmigen zähen dickrippigen Blättern. Die rot-violetten, selten gelblich-weißen glockigen Blüten sitzen an überhängenden, der Hauptachse entspringenden Stielen. Das Borretschgewächs bevorzugt einen eher feuchten Standort, z. B. einen Waldrand oder ein Bachufer. Im Garten können die Blätter je nach Klima mehrmals geerntet werden. Wenn die Pflanze den richtigen Standort hat, ist sie kaum entfernbar.

Inhaltsstoffe/Wirkung

Blätter und Wurzel enthalten Allantoin, ein Protein, das die Zellteilung fördert. Die Blätter sind reich an Kalzium, Kalium, Phosphor, Vitamin A, C und insbesondere Vitamin B_{12} sowie an anderen sekundären Pflanzenstoffen wie Gerbstoffe, Flavonoide, Pflanzensäure, Triterpene. In der Volksmedizin wird Beinwell bei Bronchialleiden, Durchfall und Magengeschwüren empfohlen. Paracelsus und Hildegard von Bingen setzten Beinwell bei Knochenbrüchen und hartnäckigen Beingeschwüren ein.

Küche

Ganz junge Blätter sind eine ideale Würze für Salate. Beinwell kann wie Spinat zubereitet oder im Ausbackteig gebacken/frittiert werden.

Catalogna
Cichorium intybus L. partim

Synoyme
Blattzichorie, Katalonien-Blattzichorie

Pflanze
Catalogna ist ein Korbblütler und zählt zusammen mit Brüsseler Endivie, Radicchio di Verona (Cicorino rosso) und Zuckerhut zu den Zichorien. Gastarbeiter aus Italien haben für ihre Verbreitung nördlich

des Gotthards gesorgt. Catalogna hat viel Ähnlichkeit mit einer kräftigen Löwenzahnpflanze. Sie bildet bis zu 60 cm lange, löwenzahnähnlich gezackte oder ganzrandige dunkelgrüne Blätter.

Inhaltsstoffe/Wirkung
Die Pflanze ist reich an Vitaminen und Mineralstoffen. Der hohe Bitterstoffanteil wirkt sich auf Verdauung und Kreislauf positiv aus. Die meisten Zichorien sind harntreibend, insbesondere die Catalogna und der Löwenzahn. In Frankreich nennt man sie deshalb «Pissenlit» (Bettnässer). Im deutschen Sprachraum, z. B. im Wallis, sind Bezeichnungen wie «Seich-Meien» (Pinkel-Blumen) und ähnliches sehr verbreitet.

Küche
Die zarten Herzblätter sind ideal für Salat, größere Blätter werden gedünstet oder gedämpft und als Gemüse gegessen. Catalogna kann wie Lattich, Zuckerhut, Spinat oder Brüsseler Endivie zubereitet werden. Die Blätter sind leicht bitter; je intensiver grün sie sind, desto mehr Bitterstoffe enthalten sie.

Cima di rapa/
Cima di lexe
Brassica rapa var. cymosa

Synonyme
Rübenkohl, Stängelkohl, Rapsspitzen, Rapa, Rapini

Herkunft
Die Cima di rapa, ein Kreuzblütler, verdankt ihre Verbreitung in Mitteleuropa den italienischen Gastarbeitern. Wichtigste Anbaugebiete in Italien sind die Regionen Apulien und Kampanien. In einem Laden für italienisches Gemüse war zu erfahren, dass die Cima di lexe aus Süditalien stamme und eine Kreuzung zwischen Rapa und Brokkoli sei. Das dürfte auch die Erklärung für das brokkoliähnliche Herzstück sein.

Pflanze

Aus der wilden Stammpflanze
Brassica campestris, einem
Unkraut, sind zwei Formen
entstanden. Die zweijährige
Speiserübe mit schwachem
Blattwerk und ausgeprägter
Rübe. Und die Cima di rapa,
ein einjähriges Kohlgewächs.
Die Pflanze hat ein kräftiges
grasgrünes Laubwerk und
gelbliche Blütentrauben.

Inhaltsstoffe

Die Cima di rapa ist reich an
Vitamin C und B$_6$, Kalzium,
Magnesium, Eisen sowie vielen
anderen Mineralstoffen.

Küche

Die Cima di rapa – ausgenom-
men sind die Blütentrauben –
hat zwar einen ausgeprägt
kräftigen Kohlgeschmack, ist
dabei aber dennoch fein. Die
ganze Pflanze wird verwendet,
solange sie jung ist. Ältere
harte Blätter werden entfernt.
Dicke Stängel werden wie
bei Brokkoli geschält.

1 Cima di rapa,
   Pflanze ohne Blütenstand
2 Cima di lexe,
   Pflanze mit Blütenstand
   (wie Brokkoli)

Süßes Fenchelkraut

Foeniculum vulgare ssp.
vulgare var. dulce

Synonom

Gewürzfenchel

Herkunft/Pflanze

Der im Mittelmeerraum beheimatete Fenchel ist ein mehr-
jähriger Doldenblütler. Eine
fleischige Wurzel verankert die
Pflanze im Boden. Die Pflanzen mit ihren gelben Blüten-
ständen können bis zwei
Meter hoch werden.

Inhaltsstoffe/Wirkung

Samen und Blätter enthalten
die ätherischen Öle Anethol
und Fenchon. Der in der
Medizin verwendete Fenchel
(Foeniculum vulgare ssp.
vulgare) enthält mehr Fenchon
(Bitterstoff) und weniger
Anethol (Süßstoff).

Küche

Kraut und Samen sind beliebt
zum Würzen. Die Samen
schmecken süßlich und erinnern an Anis. Das Kraut passt
in ein Süppchen und zu ge-
grilltem Fisch, die Samen in
Gebäck oder als Zugabe zu
eingemachten Früchten. Die
dekorativen Dolden können als
Garnitur verwendet werden.

Guter Heinrich

Chenopodium bonus-henricus

Synonyme

Wilder Spinat, Mehlspinat,
Gänsefuß

Herkunft

Der Gute Heinrich ist eine
immergrüne Pflanze. Sie sieht
aus, als sei sie mit Mehl
bestäubt worden. Sie gilt als

die Mutterpflanze unseres Gartenspinates. Es gibt viele sich gleichende Gänsefuß-arten, jedoch ist der Gute Heinrich die einzige Pflanze, die gegessen werden kann. Alle anderen riechen oder schmecken unangenehm.

Pflanze

Die Pflanze bildet einen 15 bis 60 cm hohen kräftigen Stängel. Die langgestielten dunkelgrünen dreieckigen Blätter fühlen sich etwas klebrig an; gegen die Blüte hin werden sie kleiner. Zahlreiche kleine weißlich-grüne Blätter gehen als büschelige Ähren aus der Spitze des Stängels und aus dem oberen Blattwinkel hervor und bilden eine schmale Rispe. Der Gute Heinrich liebt stickstoff- und salzhaltigen Boden. Wenn man ihn im Garten an einem sonnigen Platz aussät, kann man nach 10 bis 12 Wochen die ersten Blätter ernten. Jungpflanzen werden auch auf Setzlingsmärkten angeboten.

Inhaltsstoffe

Die Blätter sind reich an Chlorophyll, zudem enthalten sie Eisen, Provitamin A und zahlreiche Mineralstoffe.

Küche

Die jungen Blätter können wie Spinat zubereitet werden, sie schmecken auch ähnlich.

Hirschhornwegerich
Plantago coronopus

Pflanze

Die Blattform erinnert an das Hirschhorn. Die mit dem Breit- und Spitzwegerich verwandte Pflanze stammt vermutlich aus dem Mittelmeerraum, wo sie auch wild vorkommt. Erwähnt wird der Hirschhornwegerich bereits im 16. Jahrhundert, damals durfte er in keinem Hausgarten fehlen. Er wird auch in englischen Aussaatkalendern aus jener Zeit

erwähnt. Die langen hellgrünen Blätter werden vor allem in Frankreich und in Italien, wo sie oft für «Salade meschun» oder «misticanze» (Mischung aus Wild- und Kultursalat) verwendet werden, sehr geschätzt. Hirschhornwegerich ist ein anspruchsloses Kraut für jeden Hausgarten. Er gedeiht auf dem Balkon auch in Töpfen. Für die Sommerernte wird im April breitwürfig ausgesät, für die Winterernte im Oktober.

Küche

Den Hirschhornwegerich laufend ernten, damit die Pflanze immer wieder neue Blätter treiben kann. Junge Blätter sind sehr würzig und nur leicht bitter; sie passen in Mischsalate. Ältere Blätter können blanchiert und als Gemüse serviert werden. Hirschhornwegerich in Salaten wie Spinat oder Rucola als Würze verwenden.

Pflanze

Die frostharte Pflanze wird in den ersten Frühlingstagen gesät und kann schon im Mai geerntet werden. Die größte Verbreitung erlangten die flachrunden weißen Rüben mit ihrem violettem Kopf sowie die runden schneeweißen Rüben. Zur Familie der Speiserübe zählen ebenfalls Teltower Rübchen, Stielmus und Herbstrübe.

Inhaltsstoffe

Mairüben sind reich an Mineralstoffen, Vitamin C, B_1, B_2 und B_6. Der rettichähnliche Geschmack stammt von ätherischen Ölen.

Küche

Mairüben werden meistens gegart gegessen. Am besten schmecken die jungen, zarten und kaum kinderfaustgroßen Rüben. Größere und ältere Rüben können sehr erdig schmecken. Die zarten Blätter werden wie Spinat zubereitet.

Mairübe

Brassica rapa
subvar. majalis

Synonyme

Navette, Weiße Rübe, Speiserübe, Wasserrübe, Stoppelrübe

Herkunft

Die Mairübe gehört zur Familie der Kreuzblütler. Man kannte die alte Kulturpflanze schon im griechischen und römischen Altertum. Eine große Bedeutung hatte die Wurzel vor Einführung der Kartoffel, als sie zusammen mit dem Bodenkohlrabi (Herbst) und der Herbstrübe ein Grundnahrungsmittel war.

Rhabarber

Rheum rhabarbarum L.

Synonyme

Krauser Rhabarber, Welliger Rhabarber

Herkunft

Wir können den Rhabarber über mehrere tausend Jahre zurückzuverfolgen. Dabei stoßen wir aber nicht auf unseren Garten-Rhabarber, sondern auf den Medizinal-Rhabarber, eine Wurzel. Die Rhabarber-Wurzel ist im asiatischen Raum beheimatet, wo sie auch heute noch bei vielen Krankheiten eingesetzt wird. Aus den rund 50 Rhabarber-Arten konnte im späteren Mittelalter – vor allem in England – dank idealer Bastardierungs-Gene unser heutiger Gemüse-Rhabarber gezüchtet werden.

Pflanze

Der Gemüse-Rhabarber ist eine Rhizom-Staude mit knollig verdickten Wurzeln. Daraus entwickeln sich 60 bis 80 cm lange und 3 bis 8 cm dicke, glatte Stängel mit handgroßen oder noch größeren ganzrandigen, gelappten oder gewellten Blättern. Wir unterscheiden 3 Rhabarbersorten. Die grünstieligen Stängel mit grünem Fleisch sind herb im Geschmack und sehr sauer. Die rotstieligen Stängel mit grünem Fleisch sind säuerlich und leicht herb. Die rotstieligen Stängel mit rotem Fleisch (Erdbeer-Rhabarber) sind sehr mild und enthalten wenig Säure. Haupterntezeit des Rhabarbers ist im April und Mai. Ab Mitte Juni sollte man Rhabarber nicht mehr ernten, da er an Aroma stark einbüßt und das Fruchtfleisch zäh wird. Zudem nimmt die Oxalsäure zu, was aus gesundheitlicher Sicht nicht unbedenklich ist.

Inhaltsstoffe/Wirkung

Der Rhabarber ist reich an Vitamin C sowie Kalium und Kalzium. In Spuren kommen zahlreiche weitere Vitamine und Mineralstoffe vor. Für den sauren Geschmack sind Gerbsäure, organische Säuren, Apfel- und Zitronensäuren und Oxalsäure verantwortlich.

Küche

Den Rhabarber kann man bei guter Gesundheit (Vorsicht bei Nieren- und Gallensteinen, Diabetes usw.) ohne Bedenken roh essen, obwohl er mehrheitlich gekocht auf den Tisch kommt. Die Frühlingsboten eignen sich für pikante und süße Rezepte.

Spargel
Asparagus officinalis

Synonyme

Spieke, Sparsich, Aspars, Schwammwurz, Korallenkraut

Herkunft

Das Ursprungsgebiet des Spargels ist vermutlich Osteuropa, Vorder- und Mittelasien. Heute wird er in gemäßigten und warmen Klimazonen angebaut.

Pflanze

Die Spargelpflanze besteht aus einem seesternähnlichen Wurzelstock, der ab dem 3. Jahr Sprossen (Spargelstangen) treibt. Beim Spargel handelt es sich um ein zweihäusiges Liliengewächs, d. h. die Pflanze trägt entweder weibliche oder männliche Blüten. Bis Ende des 18. Jahrhunderts kannte man nur Grünspargel. Die Sprossen lässt man oberirdisch 10 bis 20 cm hoch werden. Durch Lichteinwirkung bekommen sie ihre frische grüne Farbe. Der in der Erde verborgene Teil ist hellgrün bis weiß.

Diese Erkenntnis nutzten holländische Bauern Mitte des 19. Jahrhunderts: Sie stülpten Röhren und Glocken aus Glas, Holz oder Ton über den wachsenden Spross und schützten ihn damit vor Lichteinfluss. Dadurch blieb der Spargel nicht nur weiß, sondern er bekam auch ein anderes Aroma. Der Bleichspargel fand Anklang, was zu verfeinerten Kulturmethoden und wohl auch zur Auslese der besten Gewächse führte. Das arbeitsaufwändige Abdecken jeder einzelnen Pflanze wurde bald rationalisiert. Aufgeschüttete Erddämme übernahmen im Laufe der Zeit die Funktion von Röhre und Glocke.

Inhaltsstoffe/Wirkung

Mit lediglich 26 Kalorien je 100 Gramm ist der Spargel ein schlankes, gesundes Gemüse. Spargel steigert die Nierentätigkeit und regt die Drüsenfunktionen an. Seine entwässernde und somit auch entschlackende und entgiftende Wirkung ist seit der Antike bekannt. Spargel empfiehlt sich als Heilkost bei Wassersucht, Blasen- und Nierenleiden, Harnverhalten und Blasenentzündung. Gichtkranke: Bleichspargel enthält reichlich Purin, das im Körper zu Harnsäure abgebaut wird. Zu Spargel deshalb stets viel trinken.

Küche

Beim Bleichspargel wird der Schäler unterhalb des Köpfchens angesetzt und bis zum Ende gezogen. Etwa ab der Hälfte ist oft mehrmaliges Ansetzen nötig, bis die Bastschicht – erkennbar an ihrem Glanz – vollständig entfernt ist. Das untere Ende großzügig abschneiden.
Dünner Grünspargel wird nicht geschält, sondern nur frisch angeschnitten. Bei knapp fingerdicken Exemplaren schält man nur das untere Drittel der Stange und schneidet das Ende ab.

Süßdolde
Myrrhis odorata

Synonyme

Myrrhenkerbel, Aniskerbel, Körbelkraut, Wälsches Körblikraut, Wilder Anis, Ewiger Kerbel, Spanischer Kerbel

Herkunft/Pflanze

Die Süßdolde ist ein Doldenblütler. Die schattenliebende Staude ist in Europa zu Hause. Die Klöster dürften ihre Verbreitung gefördert haben. Wegen ihrer vielseitigen Verwendung findet man sie auch in Bauerngärten. Die Süßdolde kann über einen Meter hoch werden. Die weißen Doppeldolden blühen von April bis Juni. Zum Keimen brauchen die Samen Kälte. Deshalb wird die Saat im Herbst in Kistchen ausgesät und draußen überwintert.

Inhaltsstoffe/Wirkung

Die Süßdolde enthält verschiedene ätherische Öle, davon am meisten Anethol (siehe Fenchelkraut). In den letzten Jahrhunderten war sie Gewürz-, Gemüse-, Arznei- und auch Viehfutterpflanze.
In der Volksheilkunde wird das Kraut als Blutreinigungsmittel, bei Asthma, Brust- und Blasenbeschwerden empfohlen. Äußerlich wird das frisch zerquetschte Kraut auf Gichtknoten und Verhärtungen gelegt. Man nimmt an, dass die Süßdolde die Milchproduktion bei den Kühen anregt; Bauern pflanzten sie in Gebirgsregionen als Viehfutter an.

Küche

Die süßliche Wurzel eignet sich für Gemüsegerichte. Die Blätter können vom Frühling bis in den Winter in sparsamer Dosierung als Würze für Süßspeisen und Salate eingesetzt werden. Die zarten Blüten sind auf dem Teller eine schöne Garnitur. Wenn die Samen vor der Reife gepflückt werden, sind sie noch weich und haben ein süßliches, anisähnliches Aroma. Reife Samen sind hart, sie können zerquetscht werden. Ein paar Samen aromatisieren ein Müesli. Sie passen auch in süßsaure Fleischgerichte.

Lattich-Kräuter-Salat mit Löwenzahnhonigsauce

Vorspeise

400 g Lattich
2 Hand voll gemischte Blätter,
z. B. junger Spitzwegerich,
Pfefferminze, junger Löwenzahn, Senfblätter mit Blüten
2 EL fein geschnittene
Schnittzwiebelröllchen
einige Bärlauchzwiebelchen
1 Hand voll Hirschhornwegerich
Schnittlauchblüten
gelbe und rote Radieschen
100 g Feta, zerbröckelt

Sauce
3 EL Weißweinessig
1/2 TL Senf
Meersalz
1 TL Löwenzahnblütenhonig
6 EL natives Olivenöl extra

1 Den Lattich in die einzelnen Blätter zerlegen, in breite Streifen schneiden. Spitzwegerich, Pfefferminze, Löwen- zahn und Senfblätter in nicht zu feine Streifen schneiden. Hirschhornwegerich nach Belieben halbieren.
2 Die Sauce zubereiten.
3 Sämtliche Zutaten, ohne Käse, mit der Sauce vermengen, Feta darüber verteilen.

Tipp Dazu passen die gelben Sauerampfereier, Seite 28.

Grün-weißes Spargelragout

Vorspeise oder Beilage

400 g weißer Spargel
400 g grüner Spargel

Sauce
3 dl/300 ml Wasser oder
Spargelwasser
2 TL Maisstärke
1 Becher (1,8 dl/180 g)
Rahm/süße Sahne
Meersalz
frisch gemahlener weißer
Pfeffer
2 TL fein geschnittener Dill

1 Weißen Spargel im unteren Drittel großzügig, den Rest sparsam schälen, das Ende großzügig kappen. Beim grünen Spargel nur das untere Drittel schälen, das Ende kappen. Weißen und grünen Spargel schräg in Stücke schneiden.
2 Spargelstücke im Dampf oder im Salzwasser 7 Minuten garen.
3 Für die Sauce Spargelwasser oder Wasser erhitzen. Die Maisstärke mit dem Rahm glatt rühren, zur Brühe geben, köcheln lassen, bis die Sauce die richtige Konsistenz hat. Spargel zufügen, abermals erhitzen. Dill unterrühren.

Tipp Als Vorspeise servieren. Oder als Hauptmahlzeit mit gebratenem Fisch, Reis oder Dampfkartoffeln.

Abbildung

Löwenzahn-Mangold-Salat

Vorspeise

4 Hand voll junge
Löwenzahnblätter
100 g kleiner Blattmangold
80 g Portulak
1 Bund Radieschen, in Scheiben

2 Löwenzahnblüten

Sauce
2 EL Apfelessig
½ TL flüssiger Honig
½ TL grobkörniger Senf
Meersalz
frisch gemahlener Pfeffer
4 EL Baumnuss-/Walnussöl

1 Die Sauce zubereiten.
2 Löwenzahn, Mangold, Portulak und Radieschen mit der Sauce vermengen. Anrichten. Mit gezupften Löwenzahnblütenblättern garnieren.

Fenchelcremesuppe mit Kräuteromelett

Vorspeise

Kräuteromelett
1 Freilandei
2 EL Weißmehl/Mehltyp 405
1 EL Milch
1 EL fein gehacktes
Fenchelkraut
Meersalz

1 TL Bratbutter/Butterschmalz

Suppe
1 TL Bratbutter/Butterschmalz
400 g junge, zarte
Fenchelknollen mit Kraut
100 g mehlig kochende
Kartoffeln, Typ C
1 Prise Chilipulver
1 Prise Zucker
1/2 TL Fenchelsamen
1/2 l Wasser
3 dl/300 ml Milch
1 dl/100 g Rahm/süße Sahne
Meersalz
frisch gemahlener weißer
Pfeffer

1 Ei, Mehl und Milch zu einem Teig rühren, würzen, Fenchelkraut unterrühren. Die Bratbutter in einer Bratpfanne erhitzen, den Teig zugeben, bei mittlerer Hitze ein Omelett backen. Das Omelett aufrollen und auskühlen lassen, in Streifen schneiden.

2 Wenig Fenchelkraut für die Garnitur beiseite legen. Den Fenchel putzen und in feine Scheiben schneiden. Die Kartoffeln schälen und in kleine Würfel schneiden.

3 Den Fenchel in der Butter andünsten, Kartoffeln und Gewürze zufügen, das Wasser angießen, bei schwacher Hitze köcheln lassen, bis das Gemüse weich ist. Die Suppe pürieren, eventuell durch ein Sieb streichen.

4 Fenchelsuppe mit Milch und Rahm aufkochen, mit Salz und Pfeffer abschmecken.

5 Die Suppe in vorgewärmten Tellern anrichten, Omelettstreifen zugeben, mit Fenchelgrün garnieren.

Schaumsüppchen aus Mairüben

1 EL Butter
200 g Mairüben
1 kleine mehlig kochende
Kartoffel, Typ C
1,5 dl/150 ml trockener
Weißwein
6 dl/600 ml Wasser
Meersalz
frisch gemahlener
weißer Pfeffer
wenig geriebene Muskatnuss

1 dl/100 g Rahm/süße Sahne
gehackte Petersilie
für die Garnitur

1 Mairüben und Kartoffel schälen und in Würfelchen schneiden.
2 Die Mairüben in der Butter andünsten, Kartoffeln zufügen, den Weißwein angießen, 2 bis 3 Minuten köcheln lassen. Mit dem Wasser auffüllen, köcheln lassen, bis das Gemüse weich ist. Pürieren.
3 Die Mairübencremesuppe aufkochen, mit Salz, Pfeffer und Muskatnuss abschmecken.
4 Die Suppe anrichten. Mit dem steif geschlagenen Rahm und der Petersilie garnieren.

Variante Für dieses Rezept eignen sich auch Pastinaken, Knollensellerie, Petersilienwurzeln und Karotten.

Ei mit Sauerampfer-Nuss-Füllung

Vorspeise oder Beilage

10–20 Sauerampferblätter,
je nach Größe
4 hart gekochte Freilandeier
2 EL natives Olivenöl extra
200 g Cottage Cheese/
Hüttenkäse
4 Baumnuss-/Walnusskerne,
grob gehackt
Meersalz
2 Prisen mildes Currypulver

Sauerampferblätter
für die Garnitur

1 Sauerampferblätter waschen und trocken tupfen, in Streifen schneiden.
2 Die gekochten Eier schälen und halbieren, Eidotter herauslösen.
3 Die Eidotter mit dem Olivenöl mit einer Gabel fein zerdrücken. Sauerampferstreifen, Cottage Cheese und Nüsse unterrühren, mit Salz und Curry würzen. In die Eihälften füllen. Mit Sauerampferblättern anrichten.

Tipp Mit dem Lattich-Kräuter-Salat, Seite 22, servieren.

Abbildung

Catalogna sizilianische Art

Vorspeise oder Beilage

2 EL natives Olivenöl extra
2 Frühlingszwiebeln
200 g Catalogna
1 rote Peperoni/Paprikaschote
4 EL gehackte Mandeln
3 EL Sultaninen

2 TL fein geschnittene
Pfefferminze
Majoran
je 3 Prisen Zimt- und
Chilipulver
Meersalz

1 Die Frühlingszwiebeln fein hacken. Catalogna putzen und in breite Streifen schneiden. Peperoni halbieren, den Stielansatz und die Kerne entfernen, klein würfeln.
2 Zwiebeln, Catalogna und Peperoni im Olivenöl etwa 5 Minuten dünsten, Mandeln, Rosinen und Pfefferminze unterrühren, würzen. Anrichten.

Zum Rezept Rosinen und Peperoni harmonieren gut mit der leicht bitteren Catalogna.

Tipp Mit gerösteten Brotscheiben servieren.

Luftiges Bärlauchomelett

Vorspeise
für 2 Personen
Hauptmahlzeit
für 1 Person

2 Eigelbe von Freilandeiern
5 EL Milch
5 EL Weißmehl/Mehltyp 405
1 Bund Bärlauchblätter
Meersalz
frisch gemahlener Pfeffer
2 Eiweiß

2 EL natives Olivenöl extra

1 Eigelbe, Milch und Mehl glatt rühren. Die Bärlauchblätter in feine Streifen schneiden, unter den Teig rühren, mit Salz und Pfeffer würzen. Das Eiweiß steif schlagen und unterziehen.

2 Das Olivenöl in einer weiten Bratpfanne erhitzen. Den Teig zugeben, bei mittlerer Hitze ein Omelett braten. Sofort servieren.

Tipp Mit gedünstetem Gemüse oder Fleisch oder einem bunten Salat servieren.

Marinierte Mairüben

Beilage

300 g Mairüben
2 Frühlingskarotten
1 Frühlingszwiebel

Sauce
2 EL Rotweinessig
Meersalz
frisch gemahlener
schwarzer Pfeffer
4 EL natives Olivenöl extra

2 Frühlingskarotten
für die Garnitur

1 Die Sauce zubereiten.

2 Die Mairüben putzen, längs vierteln, quer in feine Scheiben schneiden. Die Frühlingskarotten längs halbieren.

3 Mairüben und Frühlingskarotten im Dampf knackig garen, noch warm mit der Sauce beträufeln, 30 Minuten marinieren.

4 Die restlichen Frühlingskarotten putzen und in kleine Würfel (Brunoise) schneiden. Zwiebelröhrchen in Ringe, Zwiebel in feine Scheiben schneiden, mit den Karotten zu den Mairüben geben, vermengen, 5 Minuten stehen lassen.

Tipp Dazu passen mit Olivenöl beträufelte Brotscheiben, die man im Ofen röstet.

Abbildung

Brennnesselquiche mit Sesamsamen

Vorspeise
für 4 bis 6 Personen
Hauptmahlzeit
für 2 Personen

**für 6 bis 8 Portionenförmchen
oder 1 Kuchenblech von
26–28 cm Durchmesser**

Teig
250 g Vollkornmehl
3 EL Sesamsamen
1 TL Meersalz
125 g kalte Butter
1 dl/100 ml Wasser

Füllung
200 g Brennnesselblätter
1 Freilandei
1 Becher (180 g) Naturjogurt
3 EL Sauerrahm/saure Sahne
**150 g geriebener
Greyerzer Käse**
Meersalz
frisch geriebene Muskatnuss
Cayennepfeffer
Kardamompulver

1 Für den Teig Mehl, Sesamsamen und Salz in einer Schüssel mischen. Die in Stückchen geschnittene Butter mit dem Mehl krümelig reiben. Eine Vertiefung formen, Wasser in die Vertiefung gießen, zu einem geschmeidigen Teig zusammenfügen, je nach Festigkeit noch etwas Wasser einkneten.
2 Den Teig ausrollen, Rondellen in der Größe der Portionenförmchen ausstechen, in die ausgebutterten Förmchen legen. Mindestens 30 Minuten kühl stellen.
3 Den Backofen auf 200 °C vorheizen.
4 Brennnesselblätter zuerst in warmem Wasser waschen, dann in reichlich Salzwasser blanchieren, in ein Sieb abgießen und mit kaltem Wasser abschrecken, abtropfen lassen und von Hand gut ausdrücken, grob hacken.
5 Ei, Jogurt und Sauerrahm verrühren, Käse und Brennnesselgemüse unterrühren, würzen.
6 Die Teigböden mit einer Gabel 2 bis 3 Mal einstechen, mit der Brennnesselmasse füllen.
7 Brennnesselquiches im unteren Drittel in den Backofen schieben, bei 200 °C 30 Minuten backen.

Wichtig Brennnesseln stets mit Handschuhen pflücken und waschen. Für die Quiche können auch ältere Brennnesselblätter verwendet werden. Sie sind etwas weniger zart, geben aber der Quiche einen guten Biss. Für Salate nur ganz junge, zarte Blätter verwenden.

Variante Die Quiche kann auch mit Spinat oder Gutem Heinrich zubereitet werden.

Beinwell im Bierteig mit Knoblauchdip

20–30 Beinwellblätter mit Stiel,
je nach Größe

Bierteig
100 g Ruchmehl/Mehltyp 1050
2 EL natives Olivenöl extra
1,5 dl/150 ml helles Bier
1 Freilandei,
Eigelb und Eiweiß getrennt
1/2 TL Meersalz
2 Umdrehungen schwarzer
Pfeffer

natives Olivenöl extra
zum Braten

Dip
1 Becher (180 g) Naturjogurt
1 Becher (180 g)
Sauerrahm/saure Sahne
2 Knoblauchzehen
Meersalz

1 Für den Teig Mehl, Olivenöl, Bier und Eigelb gut verrühren, mit Salz und Pfeffer würzen. Den Teig mindestens
30 Minuten quellen lassen. Das Eiweiß steif schlagen
und unterziehen.
2 Beinwellblätter eventuell waschen und trocken tupfen.
3 Für den Dip Jogurt und Sauerrahm verrühren, Knoblauchzehen dazupressen, mit Salz würzen.
4 Den Boden einer weiten Bratpfanne mit Olivenöl bedecken
und dieses erhitzen. Die Beinwellblätter durch den Bierteig ziehen, nebeneinander in die Bratpfanne legen, beidseitig backen. Die Blätter auf Haushaltpapier abtropfen
lassen, auf einem großen, flachen Teller anrichten. Sofort
servieren.

Varianten Anstelle von Beinwellblättern können auch Brennnesselblätter verwendet werden. Für süße Knusperli Beinwellblätter durch Salbeiblätter (30 bis 50 Stück) ersetzen.
Den Ausbackteig nur mit je einer Prise Salz und Pfeffer
würzen. Die gebackenen Knusperli mit Zimtzucker (1/2 TL
Zimtpulver und 3 EL Zucker mischen) bestreuen.
Sofort servieren.

Federkohlknospen mit Kartoffeln

Hauptmahlzeit

600 g fest kochende
Kartoffeln, Typ A
300 g Federkohl-/
Grünkohlknospen
60 g Butter
1 Prise frisch geriebene
Muskatnuss
Meersalz

1 Die Kartoffeln schälen und in nicht zu kleine Würfel
schneiden, im Dampf weich garen.
2 Die Federkohlknospen in 3 cm lange Stücke schneiden, im
Dampf weich garen.
3 Die Butter aufschäumen lassen, Federkohl und Kartoffeln
zufügen, würzen.

Tipp Bei den Federkohlknospen handelt es sich um die Blü-
tenstände vor dem Blühen. Es können natürlich auch
Federkohlblätter verwendet werden.

Riso ai carciofini

200 g Rundkorn-Naturreis
4 dl/400 ml heißes Wasser
1,5 dl/150 ml trockener
Weißwein
½ TL Meersalz
frisch gemahlener
schwarzer Pfeffer
2 EL frisch geriebener Parmesan

10 bis 15 kleine Artischocken
2 EL Zitronensaft
2–3 EL natives Olivenöl extra
2 Knoblauchzehen,
in feinen Scheiben
1 EL Zitronensaft
3 EL fein gehackte Petersilie
2 EL fein geschnittene
Pfefferminze
2 EL fein geschnittene Melisse
Meersalz

1 Den Reis in einer Pfanne trocken rösten, bis er leicht duftet, das heiße Wasser angießen, bei schwacher Hitze 15 Minuten köcheln lassen, auf der ausgeschalteten Wärmequelle zugedeckt ausquellen lassen.

2 Bei den Artischocken die äußeren Blätter abbrechen. Die Spitzen um gut einen Drittel kürzen, damit nur noch die zarten Teile übrig bleiben. Reichlich Salzwasser mit dem Zitronensaft aufkochen, Artischocken zufügen, etwa 10 Minuten bei schwacher Hitze köcheln lassen, abgießen. Die Artischocken vierteln.

3 Die Knoblauchscheiben im Olivenöl andünsten, die Artischocken zufügen und einige Minuten mitdünsten, mit Zitronensaft, Kräutern und Salz würzen.

4 Den Reis mit dem Weißwein und dem Salz erhitzen, bei schwacher Hitze köcheln lassen, bis er al dente ist. Je nach Konsistenz wenig heißes Wasser zugießen, die Artischocken unterrühren, mit Pfeffer abschmecken und dem Parmesan verfeinern.

Variante Bei großen Artischocken nur die Böden verwenden.

Cima di rapa mit Penne

300 g kurze Teigwaren,
z. B. Penne

1 kg Cima di rapa/Stielmus
2–3 EL natives Olivenöl extra
3–4 Knoblauchzehen,
in feinen Scheiben
Meersalz
Cayennepfeffer

1 Bei junger Cima di rapa kann man die ganze Pflanze verwenden. Bei älterem Gemüse die harten Blätter entfernen, dicke Stängel wie beim Brokkoli mit dem Sparschäler schälen. Das Gemüse in 2 bis 3 cm breite Stücke schneiden, in reichlich Salzwasser 5 Minuten garen, in ein Sieb abgießen und gut abtropfen lassen.

2 Penne in reichlich Salzwasser al dente kochen.

3 Die Knoblauchscheiben im Olivenöl goldgelb dünsten, Cima di rapa zufügen und unter Rühren mitdünsten, mit Salz und Cayennepfeffer würzen. Teigwaren zufügen.

Variante Gleiche Zubereitung mit Brokkoli.

Lammkotelett mit Kümmel-Zitronenthymian-Butter und Gutem Heinrich

Hauptmahlzeit

Kümmel-Zitronenthymian-Butter
100 g weiche Butter
1/2 TL Meersalz
1 TL Zitronensaft
1/2 TL Kümmelsamen
2 EL fein gehackter Zitronenthymian

Lammkotelett
8 Lammkoteletts
4 EL natives Olivenöl extra
1 Bio-Zitrone, abgeriebene Schale und 2 EL Saft
1 EL gehackter Majoran
1/2 TL Meersalz
2 EL natives Olivenöl extra

Guter Heinrich
500 g Blätter Guter Heinrich
30 g Butter
2 Knoblauchzehen, durchgepresst, oder
2 EL fein geschnittener Schnittknoblauch
Meersalz
1 Prise frisch geriebene Muskatnuss

1 Für die Kümmel-Thymian-Butter die Butter mit dem Salz und dem Zitronensaft luftig aufschlagen, Kümmel und Zitronenthymian unterrühren. Kühl stellen.

2 Die Koteletts etwas flach klopfen, in eine Schüssel legen. Aus Olivenöl, Zitronensaft und -schale sowie Majoran und Salz eine Marinade rühren, über das Fleisch verteilen. Zugedeckt 5 Stunden marinieren. Die Koteletts abtropfen lassen, die Marinade auffangen.

3 Den Guten Heinrich im Salzwasser 1 Minute blanchieren, in ein Sieb abgießen, mit kaltem Wasser abschrecken, abtropfen lassen. Den Knoblauch in der Butter andünsten, Guten Heinrich kurz mitdünsten, mit Salz und Muskatnuss abschmecken.

4 Das Olivenöl in einer Bratpfanne erhitzen, die Koteletts bei starker Hitze 2 Minuten braten, wenden und nochmals 1 Minute braten, die Marinade zufügen, während rund 5 Minuten bei schwacher Hitze sanft garen.

5 Guten Heinrich zusammen mit den Lammkoteletts auf vorgewärmten Tellern anrichten, mit der Sauce beträufeln. Die Kümmel-Zitronenthymian-Butter am Tisch auf das Fleisch verteilen.

Variante Der Gute Heinrich kann durch Spinat ersetzt werden. Die Butter kann auch zu Grilladen serviert werden.

Forelle auf Rhabarbergemüse

1 EL Bratbutter/Butterschmalz
4 mittelgroße Forellen
1 EL Borretschblüten

Rhabarbergemüse
1 EL Bratbutter/Butterschmalz
300 g Rhabarber
½ rote Peperoni/Paprikaschote
1 Lorbeerblatt
je 1 Prise Zucker, Nelken- und
Currypulver
wenig Gemüsebrühe
2 EL fein geschnittene
Süßdoldenblätter oder
feingeschnittener Spitzwegerich

1 Den Backofen auf 230 °C vorheizen.
2 Den Rhabarber putzen, eventuell schälen, würfeln. Die Peperonihälfte entkernen und klein würfeln (Brunoise). Rhabarber und Peperoni in der Butter andünsten, Lorbeerblatt und Gewürze zufügen, wenig Gemüsebrühe angießen, das Gemüse bei schwacher Hitze 5 Minuten köcheln lassen. Kurz vor dem Servieren nochmals erhitzen, Süßdoldenblätter unterrühren.
3 Die Bratbutter auf ein mit Backpapier belegtes Blech geben, im Ofen schmelzen. Die Forellen darauf legen, in der Mitte in den Ofen schieben, die ganzen Fische beidseitig 5 bis 8 Minuten braten.
4 Das Rhabarbergemüse anrichten, jeweils eine Forelle darauf legen, mit Borretschblüten garnieren.

Variante Für dieses Gericht eignen sich auch Forellenfilets.

Löwenzahnblütenhonig

Eingemachtes

4 Hand voll offene
Löwenzahnblüten, bei
Sonnenschein gepflückt
1 l Wasser
2 kleine Bio-Zitronen,
wenig abgeriebene Schale,
Saft von beiden Früchten
800 g Zucker

1 Die gelben Blütenblätter zupfen und in einen großen Kochtopf geben, Wasser, Zitronenschale und Zitronensaft zufügen, bei schwacher Hitze aufkochen, sobald das Ganze kocht, den Topf von der Wärmequelle nehmen, zugedeckt einen Tag ziehen lassen.

2 Den Löwenzahnblütensud durch ein Tuch (Gaze-/Mulltuch) abseihen, in den Topf zurück geben. Zucker zufügen, aufkochen, bei schwacher Hitze köcheln lassen, bis die Flüssigkeit eine honigähnliche Konsistenz hat.

3 Den Löwenzahnblütenhonig in Vorratsgläser mit Schraubverschluss füllen, verschließen, kühl lagern.

Quarkcreme mit Löwenzahnblütenhonig

Dessert

250 g Vollmilchquark
6–7 EL Löwenzahnblütenhonig,
Rezept oben
1 Prise Meersalz
1 Prise Cayennepfeffer
1 Becher (1,8 dl/180 g) Rahm/
süße Sahne

Löwenzahnblütenblätter
für die Garnitur

1 Quark, Löwenzahnblütenhonig, Salz und Cayennepfeffer verquirlen. Den Rahm steif schlagen und unterziehen.

2 Die Quarkcreme in Schalen oder Gläsern anrichten, mit Löwenzahnblütenblättern garnieren.

Tipp Mit den Salbeiknusperli, Rezept Seite 36 (Varianten), servieren.

Abbildung

sommer

1
2
3
4
5
6
7
8

Basilikum
Ocimum basilicum

Synonyme
Königskraut, Königsbalsam, Basilienkraut, Deutscher Pfeffer, Josefskräutlein, Suppenbasil

Herkunft
Der Basilikum stammt aus Indien, wo er noch heute als heilige Pflanze verehrt wird. Auch die Römer und die Griechen wussten sein Aroma zu schätzen.

Pflanze
Der Basilikum gehört zur Familie der Lippenblütler. Er ist als Gewürz-, Heil- und Zierpflanze weit verbreitet. In unseren Regionen ist das frostempfindliche Kraut einjährig, in wärmeren Regionen mehrjährig. Die Pflanze kann 10 bis 50 cm hoch werden. Es gibt über 150 Basilkumsorten, die sich in Blattform, Farbe und Duft unterscheiden. Man kennt klein-, groß- und krausblättrigen Basilikum. Die Farbe kann von Grün bis Rot oder Blau-Violett variieren. Der Duft kann klassisch, kräftig würzig, fast pfeffrig sein oder an Anis, Minze, Zitrone und Zimt erinnern.

Inhaltsstoffe/Wirkung
Basilikum ist reich an ätherischen Ölen. Er lindert Verdauungsstörungen, Blähungen und Magenkrämpfe und beruhigt bei Nervosität, Angstzuständen und Schlafstörungen. Bei Stillenden regt das Kraut die Milchbildung an. Mit dem Presssaft können schmerzhafte Insektenstiche behandelt werde.

Küche
Was wäre die italienische Küche ohne Basilikum? Unvorstellbar! Das königliche Kraut gibt jedem Tomaten-Mozzarella-Salat Würze und Frische. Auch gebratene Auberginen lassen sich vom Basilikum gerne verzaubern.

Als Tee ist Basilikum praktisch unbekannt, obwohl er ein Wohlgenuss ist. Das Kraut schmeckt frisch am besten. Für den Vorrat kann das Königskraut getrocknet, in Öl eingelegt oder tiefgekühlt werden.

1 Purpurkrauses Basilikum
2 Genoveser Basilikum
3 Anis-Basilikum
4 Grünkrauses Basilikum
5 Busch-Basilikum
6 Zimt-Basilikum
7 Dunkelrotes Basilikum
8 Limonen-Basilikum

Baumspinat
Chenopodium giganteum

Herkunft/Pflanze
Der in Nordindien beheimatete Baumspinat wurde mit Handelsgütern (Wolle, Baumwolle)

in Europa eingeschleppt. Die Pflanze ist wärmebedürftig, sie gedeiht aber an einem geeigneten Standort auch in unseren Breitengraden. Die Pflanze kommt in unseren Hausgärten häufig wild vor und man glaubt es mit einem schönen Unkraut zu tun zu haben. Der Baumspinat ist groß und kräftig und kann bei idealen Bedingungen bis drei Meter hoch werden. Die sattgrünen Blätter mit violettem Herz sind dreieckig-rhombisch oder rhombisch-eiförmig. Es gibt verschiedene Erscheinungsformen, die sich untereinander gerne kreuzen.

Küche

Junge Blätter für einen bunten Blattsalat oder als Garnitur verwenden. Junge und ältere Blätter wie Blattspinat zubereiten. Durch den Garprozess verliert das Blatt leider seine dekorative Note.

Bohnen

Phaseolus vulgaris var. nanus

Herkunft

In Ägypten wurde offenbar schon 2500 Jahre vor unserer Zeitrechnung die Langbohne, auch Kuh- oder ägyptische Lubia-Bohne genannt, kultiviert. Unsere Gartenbohne wurde vermutlich von Seefahrern im 16. Jahrhundert aus Mittel- oder Südamerika nach Europa gebracht. Es zeigte sich bald, dass sie für das europäische Klima geeigneter war als bisherige Sorten. Unsere Gartenbohne dürfte von der wilden Bohne abstammen, die heute noch in den Anden Südamerikas wächst.

1 Borlotti-Bohne mit Hülse
2 Getrocknete Borlotti-Bohne
3 Frische Borlotti-Bohne
4 Grüne Chevière
5 Golden Buller
6 Roi de Beurres

Pflanze

Der Anbau konzentriert sich in unseren Breitengraden vor allem auf grüne Bohnen, seien es Busch- oder Stangenbohnen. Sie unterscheiden sich in Farbe, Form, Größe und Erntezeitpunkt.
In südlichen Gegenden lässt man die Hülsen ausreifen und erntet die Bohnenkerne. Auskernbohnen sind z. B. Borlotti-Bohnen, Kidneybohnen, Limabohnen usw.

Inhaltsstoffe/Wirkung

Bezüglich ihres Nährwertes sind Bohnen hoch einzuschätzen. Sie enthalten u. a. Eiweiß, Kohlehydrate, verschiedene Mineralstoffe und Vitamine. Bohnen dürfen nie roh verzehrt werden, weil sie den gesundheitsschädigenden Eiweißstoff Phasin enthalten, der zu Erbrechen, Durchfall, schweren Magen- und Darmbeschwerden, sogar zum Tod führen kann. Dieser Stoff wird durch den Garprozess oder die Milchsäuregärung (wie Sauerkraut) abgebaut, nicht aber durch das Trocknen/Dörren. Der Bohnenschalentee (ohne Samen) wird in der Volksmedizin aufgrund seiner harntreibenden Wirkung (Kalium) bei Rheuma und Gicht empfohlen. Auch wird behauptet, dass kaum ein anderes Mittel die Harnsäurebildung im Organismus so stark hemmt wie Bohnenschalentee.

Küche

Bei grünen Bohnen nur den Stielansatz entfernen. Je nach Zartheit und Sorte die Fäden abziehen. Erntezeit der Buschbohnen ist von Anfang Juli bis Oktober, der Stangenbohnen von August bis September.

Emmer
Triticum dicoccum

Synonyme

Zweikorn, Sommerdinkel

Herkunft

Die ältesten Funde des Kultur-Emmers stammen aus dem Nahen Osten und düften mehr als 10 000 Jahre alt sein. Mitteleuropa hat die älteste Ackerbaukultur. Damals war der Emmer die wichtigste Getreideart. Auch in der Jungsteinzeit änderte sich daran nichts. In der Bronzezeit hingegen nahm seine Bedeutung allmählich ab. Heute erlebt er eine Renaissance. In der Schweiz wird der Emmer regional wieder angebaut und zum Brotbacken, für die Teigwarenherstellung und zum Brauen von Schwarzbier verwendet.

Pflanze

Der Emmer gehört wie die meisten Getreide zur großen Familie der Gräser. Die kräftige Pflanze mit den breiten Blättern hat relativ schwere Ähren. An den Ährenspindeln wachsen jeweils zwei Körner, weshalb man auch von einem «Zweikorn» spricht. Es gibt weiße, rote und schwarze Sorten mit kahlen oder samtig behaarten Spelzen. Bei einer Sorte ist die Ähre sogar verzweigt. Emmer ist wie Dinkel, Einkorn und Gerste ein Spelzgetreide, d. h. beim Dreschen bleibt das Korn im Spelz eingeschlossen und muss in einem zusätzlichen Arbeitsgang davon befreit werden. Der Emmer wird als Sommerfrucht angebaut, weil die Saat frostempfindlich ist.

Inhaltsstoffe/Wirkung

Der Emmer enthält wesentlich mehr Eiweiß als Weizen, jedoch etwas weniger Kohlehydrate.

Küche

Für ein schmackhaftes, lockeres Brot wird das Emmermehl mit 20 bis 30 % Weizenmehl gemischt. Das eher harte, grießähnliche Mehl eignet sich hervorragend für Mürbeteig, Grießspeisen und Teigwaren.

Ganze Körner und Schrot werden wie Reis gegart und für Burger und Teigklößchen verwendet.

1 Weißer Emmer
2 Schwarzer Emmer
3 Roter Emmer

Gartenmelde
Atriplex hortensis

Synonyme
Spanischer Salat, Mellenkohl, Mellmus, Maimus

Herkunft
Schon die alten Griechen und Römer kannten die im Südosten Europas sowie im Kaukasus und in Zentralasien beheimatete Melde. In Mittel-

und Südeuropa war sie als «Spinatpflanze» bis zu Beginn des 19. Jahrhunderts sehr geschätzt. Danach verdrängte sie der Spinat fast vollständig. Heute wird die Gartenmelde vor allem als Zierpflanze und im Hausgarten für die Selbstversorgung angebaut. Als «Kulturflüchtling» ist sie auch auf Schutthalden, in Hecken und an Mauern anzutreffen.

Pflanze
Die Gartenmelde gehört zusammen mit dem Spinat und dem Blatt- und Stielmangold zur Familie der Gänsefußgewächse. Das schnell wachsende Blattgemüse kann je nach Standort 30 bis 200 cm hoch werden. Die Pflanze ist mit ihren grünen, gelben, roten oder violetten Blättern sehr dekorativ.

Inhaltsstoffe/Wirkung
Die Blätter sind reich an Eisen, Kalzium, Provitamin A und Vitamin C. Blätter und Samen wirken harntreibend.

Küche
Am besten schmecken die jungen, zarten Blätter, die von Mai bis Juni geerntet werden. Mit fortschreitender Vegetationszeit werden die Blätter immer kleiner, sie können

aber dennoch bis September/Oktober geerntet werden. Die Gartenmelde schmeckt gedämpft und gedünstet, sie kann aber auch als Salat zubereitet werden. Bei Zugabe von Öl färben die roten und violetten Blätter die Speisen.

1 Violette Gartenmelde
2 Grüne Gartenmelde
3 Rote Gartenmelde

Kapuzinerkresse
Tropaeolum majus L.

Synonyme
Gelbes Vögerl, Kapuzinerli, Salatblume, Jelängerjelieber, Kapernblume, Blume aus Peru

Herkunft
Die frostempfindliche Kapuzinerkresse stammt ursprünglich

aus Peru und wurde von spanischen Eroberern im 16. Jahrhundert nach Europa gebracht.

Pflanze

Die Kapuzinerkresse hat runde flache Blätter mit gelbgrünen Adern. Die großen fünfblättrigen, trompetenähnlichen Blüten können orange, rot oder gelb sein. Samen von Ende Februar bis Mitte März in Kistchen 3 cm tief in die Erde stecken. Die Pflänzchen nach den Eisheiligen, etwa ab Mitte Mai, ins Freie setzen. Im Garten sollte die Erde humusreich, aber nicht zu fett sein. So hat man Gewähr, dass die Pflanze nicht ins Kraut schießt und die Blüten sich gut entwickeln können.

Inhaltsstoffe/Wirkung

Die Pflanze enthält Benzylsenföl, ein ätherisches Öl, das für seine antibiotische Wirkung bekannt ist. Weitere wichtige Inhaltsstoffe sind Glycosid, Enzyme, Myrosin, Diallylsulfid, Kleesäure, Jod, Schwefel und Vitamin C. Die Pflanze hat antibakterielle, desinfizierende, entzündungshemmende, blutreinigende, abführende und fiebersenkende Eigenschaften.

Küche

Blätter, Blüten, Knospen und Samen sind essbar. Blätter und Blüten haben ein kresseähnliches, leicht scharfes Aroma und sind ideal für Salate und zum Würzen von Quark. Die dekorativen Blüten sind auch eine schöne Garnitur.
Unreife grüne Samen und geschlossene Knospen können wie Kapern in Essig eingelegt werden.

Mangold – Stiel-/ Schnittmangold
Beta vulgaris ssp. vulgaris var. flavescens

Synonyme

Krautstiel, Stängelmangold, Rippenkohl, Römischer Kohl, Beißkohl, Römische Bete

Herkunft

Stiel- und Schnittmangold sind Gänsefußgewächse. Stammpflanze ist die Meeresstrandrübe, auch Seemangold genannt, die in Südengland und an der Mittelmeer- und Nordseeküste auch heute noch wild wächst.

Pflanze

Der Schnitt- oder Blattmangold hat kleine, breite Blätter und schmale Blattstiele. Er ist leider vom Blattspinat verdrängt worden.
Der Stielmangold erreicht eine Höhe von 30 bis 45 cm. Es lassen sich sowohl die fleischigen, meist weißen Rippen wie auch die krausigen dunkelgrünen Blätter verwenden. Es gibt auch rote, gelbe, orange und rosa Sorten, die im Garten für wunderschöne Farbtupfer sorgen. Leider verblassen beim Kochen die attraktiven Farben. Beim roten Stielmangold dürfte es sich um die Urform handeln. Hier ist die Verwandtschaft zur Rande/ Roten Bete offensichtlich. Das Wort «bet» – später wurde daraus Beta und Bete – bedeutet rot. Der Stielmangold ist anspruchslos. Durch das

Schneiden der äußeren Stängel wachsen die Herzblätter immer wieder nach. Geerntet werden kann bis in den Herbst.

Inhaltsstoffe/Wirkung
Der Stielmangold ist reich an Provitamin A, B_1, B_2 und C. Das Gemüse hat einen günstigen Einfluss auf den Stoffwechsel und die Darmtätigkeit.

Küche
Die Blätter werden wie Spinat gekocht. Aus Rippen/Stängeln kann ein feines, spargelähnliches Gemüseragout zubereitet werden. Stets 1 bis 2 Esslöffel Zitronensaft zum Kochwasser geben, damit die Rippen/Stängel ihre weiße Farbe behalten. Bei größeren Rippen/Stängeln die groben Fäden ähnlich wie bei grünen Bohnen abziehen.

1 Rotstieliger Stielmangold
2 Weißstieliger Stielmangold
3 Gelbstieliger Stielmangold

Portulak
Gemüseportulak – Portulaca oleracea ssp. sativa
Winterportulak – Montia perfoliata

Synonyme
Gemüseportulak: Gewürzportulak, Sommerportulak, Burzelkraut, Sauburtzel, Postelein, Bürzelkohl
Winterportulak: Kuba-Spinat, Tellerkraut

Herkunft
Man kennt rund 30 Gattungen und 300 Arten. Die Wildform ist in Griechenland, Vorderasien und im weiten Gebiet bis zum westlichen Himalaja beheimatet. Den Portulak kannte man schon im alten Ägypten als Gemüse- und Heilpflanze. In unseren Breitengraden wurde er ab dem Mittelalter

angebaut. Auf dem Markt findet man vor allem den Winterportulak (November bis April). Der Gemüseportulak (März bis Oktober) wird nur selten angeboten. Dafür kommt er wild in Gärten und sonnigen Weinbergen vor. Die einjährige Pflanze hat saftige, fleischige Stängel. Auch die eiförmigen Blätter sind fleischig. Der Winterportulak ist eine zartfleischige Pflanze mit tellerförmigen, trichterähnlichen Blättern, aus denen Blüten sprießen.

Inhaltsstoffe/Wirkung
Der Gemüseportulak enthält die Vitamine A, C, B und die Mineralstoffe Kalzium, Phosphor, Eisen und Natrium, daneben auch Oxalsäure. In der Volksheilkunde empfiehlt man ihn bei Sodbrennen und zur Blutreinigung. Ein Aufguss aus frischen oder getrockneten Blättern lindert Blasen- oder Nierenleiden. Der Winterportulak ist reich an Vitamin C, Magnesium, Eisen, Kalzium.

Küche
Die Blätter junger Triebe schmecken würzig, ja fast etwas salzig. Wie Spinat dünsten oder für Suppen, Salate, Quarksaucen usw. verwenden. Blütenknospen sind Ersatz für Kapern.

Der Winterportulak hat einen angenehm milden Geschmack. Er hat weniger Aromastoffe als z. B. Nüssli-/Feldsalat und Gartenkresse. Für gemischte Blattsalate verwenden oder zum Füllen von Sandwiches. Er kann auch gedünstet werden.

Ringelblume
Calendula officinalis L.

Synoyme
Butterblume, Goldblume, Ringelrose, Sonnenwende, Totenblume

Pflanze
Die Ringelblume ist eine uralte Pflanze aus der Familie der Korbblütler. In unseren Gärten ist sie eine der bekanntesten Zierblumen und in der Haus-

apotheke hilft sie bei vielerlei Beschwerden.

Die Samen werden ab April bis Mai in humusreichen Boden gesteckt. Die einjährige Pflanze blüht von Juni bis Oktober. Die etwa 2 bis 5 cm großen Blütenkörbchen können orange oder gelb sein, gefüllt oder ungefüllt. Der verblühte Samenstand wird im darauffolgenden Jahr als Saatgut verwendet. Die Pflanze ist übrigens auch ein guter Bodenverbesserer.

Inhaltsstoffe/Wirkung
Die Ringelblume enthält unter anderem ätherisches Öl, Carotinoide, Bitterstoffe, Fermente und organische Säuren. Der Tee wirkt krampflösend. Die Ringelblume ist Bestandteil von Salben für die Wundbehandlung.

In der Volksmedizin wird die Pflanze für Blutreinigungstee und bei Menstruationsbeschwerden empfohlen. Eine Teemischung aus gleichen Teilen Ringelblumen, Brennnesseln, Ehrenpreis und Schöllkraut hilft bei einem Magengeschwür.

Küche
Die Blütenblätter bringen jeden Teller zum Strahlen, einen Risotto bringen sie zum Leuchten. Für die Vorrats-

haltung werden die offenen Blüten von Juni bis November bei sonnigem Wetter in den Vormittagsstunden gepflückt und an einem schattigen, luftigen Ort zum Trocknen ausgelegt. Die getrockneten Blütenblätter sind Bestandteil von Teemischungen. Sie werden ab und zu auch zum Strecken von Safranfäden verwendet. Bei den Römern war die Ringelblume der Safran des kleinen Mannes.

Schabzigerklee
Trigonella caerulea

Synonyme
Bisamklee, Hexenkraut, Brotklee

Herkunft
Die Kreuzfahrer brachten den Schabzigerklee im 11. Jahrhundert aus Kleinasien nach

Europa. Im Kräutergarten des Klosters Säckingen pflanzte man damals das Kraut als Würze für einen Käse aus Magermilch an. Im Glarnerland (Schweiz) wurde etwas später ebenfalls Schabzigerklee für die Käseproduktion angebaut. Mit dem würzigen grünen Käse wird im In- und Ausland Handel getrieben. In anderen Alpenregionen kennt man den Schabzigerklee vor allem als Brotgewürz.

Pflanze

Der Schabzigerklee gehört zur Familie der Schmetterlingsblütler. Das intensiv riechende kleeähnliche Würzkraut mit seinen hellblauen Blüten ist je nach Herkunft ein- oder zweijährig. Ausgesät wird es im Frühling. Erntezeit ist jeweils vor der Blüte, wenn die Pflanze 5 bis 10 cm hoch ist. Der Schabzigerklee kann mehrmals geschnitten werden.

Inhaltsstoffe/Wirkung

Der Schabzigerklee wird bei Verdauungsproblemen und Blutarmut empfohlen.

Küche

Im Handel ist der Schabzigerklee in Pulverform oder als Käse erhältlich. Das Liebhaber-Gewürz passt in Salatsaucen, in Suppen oder warme Saucen.

Schopflavendel
Lavandula stoechas

Pflanze

Der Schopflavendel hat im Gegensatz zu dem bei uns weit verbreiteten Lavendel (Lavandula angustifolia) am Ende des Blütenstandes vergrößerte Blütenblätter, die einen Schopf bilden. Schopflavendel wird vor allem für die Gewinnung von Duftstoffen angebaut. Beim mehrjährigen, buschigen immergrünen Strauch handelt es sich um einen Lippenblütler. Die Pflanze bevorzugt leichten, kalkfreien Boden und liebt einen sonnigen Standort. Auch in einem Steingarten gedeiht der Lavendel prächtig. Mit seinem Duft vertreibt er übrigens Ameisen und Blattläuse in seiner Umgebung. Lavendelbüsche sollten im Herbst auf

etwa 15 cm zurückgeschnitten werden. In rauhen Gegenden müssen sie im Winter geschützt werden.

Inhaltsstoffe/Wirkung

Der Lavendel ist reich an ätherischen Ölen, Harz, Gerbstoffen und Saponinen. Er wirkt beruhigend, krampflösend und nervenstärkend. Im 16. Jahrhundert beschrieb der Leibarzt Kaiser Ferdinands, Matthiolus, die Wirkungen des Lavendels so: Er sei gut «wider den schwindel, die fallsucht, den krampf und das zittern. Er zerteyle die Winde, treibe den harn und erwerme den blöden, kalten magen.»
Getrocknete Blütenzweige – einige Zweige zu einem Sträußchen binden – vertreiben die Motten im Schrank und die Fliegen im Wohnraum.

Küche

Die jungen Blattspitzen sind ideal zum Würzen von Fisch und Lammfleisch. Das leicht herb-bittere Kraut erinnert an Rosmarin. Getrocknete Blüten sind Bestandteil der Provence-Kräutermischung. Blüten und ganze Blütenköpfe können auch als Garnitur verwendet werden. Die Blüten enthalten Saponin, einen Stoff, der bei zu hoher Dosierung im Gericht einen seifigen Geschmack hinterlässt.

Erbsen-Lachs-Terrine im Lattichmantel

Vorspeise
für 6 bis 8 Personen

**für eine kleine Terrinenform
von einem Liter Inhalt**

60 g ausgelöste
zarte grüne Erbsen
8 Lattichblätter
1¼ TL fein gemahlenes
Agar-Agar-Pulver
3 EL Milch
4 dl/400 ml Halbrahm/
süße Sahne
¾ TL Meersalz
frisch gemahlener
weißer Pfeffer
1 EL fein gehackter Dill
40 g Rauchlachswürfelchen

Dillblüten für die Garnitur,
nach Belieben

1 Die Erbsen im Dampf 1 bis 2 Minuten garen, unter kaltem Wasser abschrecken.

2 Die Terrinenform mit Klarsichtfolie auskleiden. Die Lattichblätter im Salzwasser blanchieren, in ein Sieb abgießen und die Blätter mit kaltem Wasser abschrecken. Dicke Blattrippen entfernen, die Blätter überlappend und so in die Form legen, dass noch genügend Grün zum Einschlagen übrig bleibt.

3 Das Agar-Agar-Pulver mit der Milch in einer Pfanne glatt rühren, 5 Minuten quellen lassen Den Rahm zufügen, unter Rühren aufkochen, 2 bis 3 Minuten köcheln lassen. Würzen. Erbsen und Lachswürfelchen zufügen.

4 Die Flüssigkeit samt Erbsen und Lachs vorsichtig in die Form gießen. Nach 30 Minuten, wenn die Flüssigkeit schon etwas angesulzt ist, die Terrine mit den überlappenden Lattichblättern zudecken.

5 Die Terrine 3 bis 4 Stunden fest werden lassen. Terrine stürzen und in 15 mm dicke Scheiben schneiden.

Tipp Terrine mit einem Sträußchen Frühlingssalat servieren.

Agar-Agar Pflanzliches Bindemittel. Die Bindefähigkeit stets testen: Einen Teelöffel heiße Flüssigkeit auf einen kleinen Teller geben, 5 Minuten in den Kühlschrank stellen. Wenn die Flüssigkeit während dieser Zeit fest geworden ist, kann die Masse weiterverarbeitet, d. h. in die Form gefüllt werden. Andernfalls die Flüssigkeit unter Zugabe von wenig Agar-Agar-Pulver (in etwas Milch auflösen) nochmals aufkochen. Zu viel Agar-Agar kann wie bei Gelatine zu einem «Gummibärchen-Effekt» führen.

Sommerlicher Blütensalat

Vorspeise

400 g Eichblattsalat
1 Hand voll Kapuzinerkresse
3 Ringelblumenblüten
1 ungespritzte Rosenblüte
ca. 8 Speisechrysanthemen
2 EL Borretschblüten

Sauce
2 EL Rotweinessig
1 EL Balsamico-Essig
½ TL flüssiger Honig

¼ TL Meersalz
frisch gemahlener weißer Pfeffer
6 EL natives Olivenöl extra
½ TL fein geriebener Meerrettich

1 Die Sauce zubereiten, den Meerrettich unterrühren.
2 Den Eichblattsalat in mundgerechte Stücke zupfen. Die Blütenblätter der Ringelblumen und der Rose zupfen, einige Blütenblätter für die Garnitur beiseite legen.
3 Sämtliche Zutaten mit der Sauce vermengen, anrichten, mit den restlichen Blütenblättern bestreuen.

Grüne Bohnen mit Knoblauch an Zitronenvinaigrette

Vorspeise oder Beilage

500 g Stangen- oder
Buschbohnen
natives Olivenöl extra
4–6 Knoblauchzehen

Marinade
1 Bio-Zitrone
1 TL Akazienhonig
1 Msp Meersalz
5 EL natives Olivenöl extra
1 TL frisch geriebene
Ingwerwurzel
je 1 EL fein gehackte
Zitronenmelisse, Bohnenkraut
und Petersilie
1 EL fein geschnittener
Schnittlauch

1 Die Bohnen putzen, d. h. den Stielansatz entfernen, grobe Fäden abziehen, im Dampf knackig garen, unter kaltem Wasser abschrecken, abtropfen lassen, in einer Schüssel anrichten.
2 Die Zitronenschale auf einer Reibe direkt in ein Schüsselchen reiben, 2 Zitronenscheiben abschneiden und für die Garnitur beiseite legen. Die Frucht auspressen, mit Akazienhonig, Salz und Olivenöl zu den Schalen geben und gut verrühren, Ingwerwurzel und Kräuter unterrühren. Die Vinaigrette über die Bohnen träufeln.
3 Die Knoblauchzehen längs in Scheiben schneiden, in wenig Olivenöl goldgelb dünsten, über die Bohnen verteilen.

Abbildung

Omelett mit Zwiebeln und Roter Melde

Vorspeise
für 4 Personen
Hauptmahlzeit
für 2 Personen

1 dl/100 ml natives
Olivenöl extra
200 g Zwiebeln
80 g Rote Gartenmelde (Blätter)
4 Freilandeier
2 dl/200 ml Milch
Meersalz
Chilipulver
frisch geriebene Muskatnuss

1 Die Zwiebeln in feine Scheiben schneiden.
2 Eier und Milch gut verrühren, mit Salz, Chilipulver und Muskatnuss würzen.
3 Das Olivenöl in einer nicht klebenden großen Bratpfanne erhitzen, die Zwiebeln darin hellgelb dünsten. Rote Gartenmelde zufügen und zusammenfallen lassen. Die Eiermasse darüber gießen, bei schwacher Hitze stocken lassen. Sobald die Masse fest ist, einen genügend großen Teller umgekehrt auf die Pfanne legen und das Omelett stürzen, wieder in die Pfanne gleiten lassen und kurz fertig braten. Warm oder kalt servieren.

Auberginen mit Peperoni-Concassé

Vorspeise oder Beilage

2–3 Auberginen
Meersalz
natives Olivenöl extra

2 kleine rote Peperoni/
Paprikaschoten
8 EL natives Olivenöl extra
Meersalz
3 EL fein geschnittenes
Basilikum
1 EL fein geschnittene
Pfefferminze
2 EL gehackte Petersilie
2 EL Zitronensaft
frisch gemahlener
schwarzer Pfeffer

Basilikum für die Garnitur

1 Die Auberginen beidseitig kappen, quer in 1 cm dicke Scheiben schneiden, auf ein Blech legen und mit wenig Salz bestreuen, etwa 30 Minuten ziehen lassen, die Scheiben mit Haushaltpapier trocken tupfen.
2 Den Backofen auf 180 °C vorheizen. Das Blech mit Backpapier belegen und dieses mit Olivenöl bepinseln. Die Auberginenscheiben darauf legen, mit Salz würzen und mit Olivenöl bepinseln. Das Blech in der Mitte in den Ofen schieben, das Gemüse 30 Minuten backen, bis es weich ist. Nach der halben Backzeit nochmals mit Olivenöl bepinseln. Auf einer Platte auskühlen lassen.
3 Die Peperoni entkernen und klein würfeln, im Olivenöl weich dünsten, mit Salz würzen, auskühlen lassen. Die Kräuter und den Zitronensaft unterrühren. Die Peperoniwürfelchen auf die Auberginenscheiben verteilen.

Abbildung

Zweifarbige Thonmousse

2–3 Hand voll
Rote Gartenmelde (Blätter)
300 g rosa Thon/Thunfisch
3 EL Zitronensaft
1 kleine Zwiebel, fein gehackt
100 g Frischkäse
2 Knoblauchzehen
1 EL fein geschnittenes
Basilikum
1 EL fein gehackte Petersilie
2 Essiggurken, klein gewürfelt
Meersalz
frisch gemahlener
weißer Pfeffer

Rote Gartenmelde
für die Garnitur

1 Die Rote Gartenmelde fein hacken. Den Boden der Pfanne mit etwa 4 EL Wasser bedecken, die Melde zufügen und ein paar Minuten köcheln lassen. Das Wasser verfärbt sich rot. Damit die Mousse nicht zu flüssig wird, das Wasser etwas einkochen lassen.

2 Den Thon in einem Sieb abtropfen lassen, mit dem Zitronensaft pürieren, eventuell wenig Olivenöl zufügen, damit sich der Fisch leichter pürieren lässt. Zwiebeln, Frischkäse, durchgepresste Knoblauchzehen, Kräuter und Essiggurken unterrühren, mit Salz und Pfeffer abschmecken.

3 Den Thon in zwei Portionen teilen, eine Portion mit der Gartenmelde-Flüssigkeit rot färben.

4 Die beiden Mousses mit einem Eisportionierer formen, d. h. Kugeln abstechen, auf den Blättern anrichten.

Variante Die Thonmousse kann auch mit geriebener roher Rande/Roter Bete rot gefärbt oder mit blanchiertem, püriertem Spinat grün gefärbt werden.

Tipp Die Mousse mit Brot als Vorspeise oder mit gekochten Schalenkartoffeln als Hauptgang servieren.

Ravioli mit Baumspinat und Ziegenfrischkäse gefüllt

Hauptmahlzeit

Teig
350 g Weißmehl/Mehltyp 405
oder Dunst
1/2 TL Meersalz
1 Freilandei
1,5 dl/150 ml kaltes Wasser
1 EL natives Olivenöl extra

20–24 Baumspinatblätter,
ohne Stiele

Füllung
250 g Ziegenfrischkäse
1 Eigelb von einem Freilandei
1 TL fein gehackter Thymian
4 EL Kapern
frisch gemahlener
schwarzer Pfeffer
Meersalz

1 Ei zum Bestreichen

2–3 Salbeizweiglein,
fein geschnitten
4 EL natives Olivenöl extra
oder Butter

1 Für den Teig Mehl und Salz in einer Schüssel mischen, Ei, Wasser und Öl zufügen, zu einem geschmeidigen, festen Teig verarbeiten. In Klarsichtfolie einwickeln, 30 Minuten ruhen lassen.

2 Für die Füllung Ziegenfrischkäse, Eigelb, Thymian und Kapern verrühren, mit Pfeffer und Salz würzen.

3 Den Teig in 6 gleich große Portionen teilen und dünn ausrollen oder durch die Nudelmaschine drehen. Zwei Teigblätter in regelmäßigen Abständen mit den Baumspinatblättern belegen, je ein Teigblatt darauf legen, mit dem Nudelholz fest drücken. Mit verquirltem Ei bestreichen. Auf jedes Baumspinatblatt einen Teelöffel Füllung geben. Mit einem Teigblatt bedecken. Den Teig rund um die Füllung gut andrücken, mit dem Teigrädchen Ravioli schneiden.

4 In einem großen Kochtopf reichlich Salzwasser aufkochen, die Ravioli portionenweise zugeben und während 4 bis 5 Minuten al dente kochen. In ein Sieb abgießen, zusammen mit den Salbeistreifen im Olivenöl oder in der Butter schwenken. Sofort servieren!

Variante Für die Ravioli können auch Basilikum, Kerbel, Gartenmelde oder glattbättrige Petersilie verwendet werden.

Roter Stielmangoldsalat mit Ingwer

Vorspeise

500 g zarter junger Stielmangold
1 dl/100 ml Wasser
3 dl/300 ml Randen-/
Rote-Bete-Saft
Meersalz

Marinade
3 EL Weißweinessig
Meersalz
½ TL geriebene Ingwerwurzel
1 Prise Chilipulver
7 EL kalt gepresstes
Sonnenblumenöl

Salatblätter
1–2 EL Kapern
Schnittlauch

1 Die Marinade zubereiten.
2 Beim Stielmangold die Blätter (für eine Suppe verwenden oder wie Spinat zubereiten) großzügig von den Stängeln schneiden. Die Stängel längs halbieren und schräg in 2 bis 3 cm breite Streifen schneiden.
3 Das Wasser zusammen mit dem Randensaft aufkochen, salzen. Das Gemüse zufügen und knackig garen, in ein Sieb abgießen.
4 Den noch warmen Stielmangold mit der Marinade mischen, 10 Minuten ziehen lassen.
5 Den Stielmangold auf den Salatblättern anrichten, die Kapern und den fein geschnittenen Schnittlauch darüber streuen.

Produkteinfo Die roten, rosa und gelben Stielmangoldsorten verlieren beim Garen leider die Farbe. Sie sind deshalb vor allem als Dekoration sehr schön. Weißer Stielmangold verfärbt sich beim Garen gerne gräulich, hier ist der Randensaft ein willkommenes Färbemittel.

Kefen-Kartoffel-Gratin

Hauptmahlzeit

500 g Kefen/Kaischerschoten/
Zuckerschoten
400 g fest kochende
Kartoffeln, Typ A
einige Zweiglein Bohnenkraut,
grob geschnitten
1 Becher (1,8 dl/180 g) Rahm/
süße Sahne
weißer Pfeffer, frisch gemahlen
frisch geriebene Muskatnuss
Meersalz, Paprikapulver
2–3 EL geriebener
Greyerzer Käse

1 Die Kefen putzen, d. h. das Stielende wegschneiden, grobe Fäden abziehen, die Schoten im Dampf einige Minuten garen, unter kaltem Wasser abschrecken.
2 Die Kartoffeln schälen und längs in 4 mm dicke Scheiben schneiden, im Dampf 7 Minuten garen.
3 Den Backofen auf 180 °C vorheizen.
4 Kefen und Kartoffelscheiben in eine eingefettete Gratinform schichten (siehe Bild), die Kräuter dazwischen streuen. Den Rahm würzen und dazu gießen. Mit dem Käse bestreuen.
5 Das Gratin in der Mitte einschieben, bei 180 °C etwa 20 Minuten backen.

Abbildung

Kalbspiccata im Schabzigermantel mit Emmer

Hauptmahlzeit

Getreide
250 g Emmer
1/2 l Wasser
1 1/2 EL natives Olivenöl extra
1 mittelgroße Zwiebel,
fein gehackt
1–2 Knoblauchzehen,
fein gehackt
1 Zweig Rosmarin,
Nadeln gehackt
1/2–1 TL Lavendelblüten
Meersalz
wenig Chilipulver
2 Ringelblumenblüten

Piccata
8 Kalbsmedaillons, je 60–80 g
Paprikapulver
frisch gemahlener
schwarzer Pfeffer
Weißmehl/Mehltyp 405

Panade
2 Freilandeier
50 g geriebener Glarner
Schabziger
10 g geriebener Parmesan
2 EL Weißmehl/Mehltyp 405
frisch gemahlener schwarzer
Pfeffer

2–3 EL
Bratbutter/Butterschmalz

1 Den Emmer in einem Drahtsieb ausgiebig mit heißem Wasser überbrausen, im Wasser (1/2 Liter) 5 bis 8 Stunden einweichen. Das Getreide mit dem Einweichwasser aufkochen, bei schwacher Hitze 35 Minuten köcheln lassen, auf der ausgeschalteten Wärmequelle zugedeckt 5 bis 10 Minuten ausquellen lassen. Zwiebeln und Knoblauch im Olivenöl andünsten, Emmer zugeben. Kurz vor dem Servieren Kräuter unterrühren, mit Salz und Pfeffer abschmecken.

2 Für die Panade die Eier verrühren, Schabziger, Parmesan und Mehl unterrühren, mit Pfeffer würzen.

3 Die Kalbsmedaillons mit Paprika und Pfeffer würzen, im Mehl wenden. Die Medaillons in der Panade wenden, in der nicht zu heißen Bratbutter beidseitig braten.

4 Piccata zusammen mit dem Emmer anrichten, mit Ringelblumenblütenblättern garnieren.

Schabziger Wird aus Magermilch hergestellt. Zigerklee (Bisamklee) gibt dem fast fettfreien, trocken-krümeligen Käse seinen typischen Geschmack.

Variante Emmer durch Weizen, Dinkel oder Grünkern ersetzen.

Cassisterrine

Dessert

für eine Terrinenform von
1 bis 1,5 l Inhalt oder
für 5 bis 8 Souffléförmchen

Cassismasse
250 g schwarze Johannisbeeren
3 EL Blütenhonig
1 Prise Zimtpulver
3/4 TL fein gemahlenes Agar-
Agar-Pulver
1/2 dl/50 ml Wasser

Rahmmasse
1/2 TL fein gemahlenes Agar-
Agar-Pulver
1 EL Milch
2,5 dl/250 g Rahm/süße Sahne
1 Prise Vanillepulver
2 EL Blütenhonig

Beerensauce
200 g rote Johannisbeeren
flüssiger Blütenhonig

essbare Chrysanthemenblüten
für die Garnitur, nach Belieben

1 Die schwarzen Johannisbeeren von den Stielen zupfen, pürieren und durch ein Chromstahlsieb streichen, Honig und Zimtpulver unter den Saft rühren. Agar-Agar-Pulver mit dem Wasser glatt rühren, 5 Minuten quellen lassen. Fruchtsaft und Agar-Agar unter Rühren aufkochen, 2 bis 3 Minuten bei schwacher Hitze köcheln lassen, beiseite stellen.

2 Für die Rahmmasse Agar-Agar-Pulver mit der Milch glatt rühren, 5 Minuten quellen lassen. Rahm, Vanillepulver, Blütenhonig und Agar-Agar unter Rühren aufkochen, 2 bis 3 Minuten bei schwacher Hitze köcheln lassen, beiseite stellen.

3 Die Terrinenform mit Klarsichtfolie auskleiden oder die Souffléförmchen mit kaltem Wasser ausspülen. Die Cassismasse nochmals aufkochen und in die Form gießen. Die Masse etwas ansulzen lassen.

4 Die Rahmmasse nochmals aufkochen und sorgfältig auf die Cassismasse gießen. Abkühlen lassen, dann 2 bis 3 Stunden kühl stellen und fest werden lassen.

5 Für die Sauce die Johannisbeeren von den Stielen zupfen, pürieren und durch ein Chromstahlsieb streichen, den Saft mit dem Honig süßen.

6 Die Terrine stürzen, in etwa 15 mm dicke Scheiben schneiden, mit der Fruchtsauce umgießen. Mit den Blüten garnieren.

Tipp Mit den Schokoladewürfeln mit Johannisbeerschaumfüllung servieren (Abbildung, links), Rezept Seite 72.

Glasierter Gugelhupf mit Heidelbeeren

Dessert

**für eine Gugelhupfform
von 1,5 l Inhalt**

100 g weiche Butter
100 g Zucker
2 zimmerwarme Eigelbe
von Freilandeiern
½ Bio-Zitrone, abgeriebene
Schale und Saft
1 dl/100 g Rahm/süße Sahne
200 g Weißmehl/Mehltyp 405
1 TL phosphatfreies Backpulver
½ KL Zimtpulver
2 Eiweiß
1 Prise Meersalz
150 g Heidelbeeren
Zimtzucker (2 EL Zucker und
½ KL Zimtpulver)

Glasur
100 g Puderzucker
2–3 EL Portwein

Heidelbeeren für die Garnitur
einige kandierte Rosenblütenblätter
(Seite 72) für die Garnitur,
nach Belieben

1 Die Gugelhupfform mit Butter ausstreichen und mit Mehl bestäuben, in den Kühlschrank stellen.
2 Den Backofen auf 175 °C vorheizen.
3 Butter, Zucker und Eigelbe zu einer luftigen Masse aufschlagen. Zitronenschale, Zitronensaft und Rahm unterrühren. Mehl, Backpulver und Zimtpulver dazu sieben und unterrühren.
4 Das Eiweiß zusammen mit der Prise Salz steif schlagen, vorsichtig unter den Teig heben.
5 Zwei Drittel der Teigmasse in die Gugelhupfform füllen. Die Heidelbeeren darauf verteilen, einen Esslöffel Zimtzucker darüber streuen, mit dem restlichen Teig bedecken, den restlichen Zimtzucker darüber streuen.
6 Den Gugelhupf im unteren Drittel in den Backofen schieben, bei 175 °C 40 bis 50 Minuten backen. Gugelhupf auf ein Kuchengitter stürzen und auskühlen lassen.
7 Für die Glasur den Puderzucker in eine Schüssel sieben, den Portwein unterrühren, über den Gugelhupf gießen, mit Heidelbeeren garnieren.

Schokoladewürfel mit Johannisbeerschaumfüllung

Dessert

ergibt ca. 18 Würfel
für ein quadratisches Kuchenblech von ca. 30 cm Länge

Biskuit
50 g Butter
50 g Vollrohrzucker
2 Eigelbe von Freilandeiern
50 g dunkle Schokolade
100 g geriebene Mandeln
3 EL Kakaopulver
20 g Ruch-/Schwarzmehl,
Mehltyp 550, oder
Weizenvollkornmehl
1 TL phosphatfreies Backpulver
2 Eiweiß

Füllung
200 g rote Johannisbeeren
4–5 EL Blütenhonig
2 Becher (je 1,8 dl/180 g)
Rahm/süße Sahne

1 Den Backofen auf 160 °C vorheizen. Das Kuchenblech mit Backpapier belegen.
2 Die Butter mit dem Zucker und dem Eigelb zu einer lufti-gen Masse aufschlagen.
3 Die Schokolade zerbröckeln, in einer kleinen Chromstahl-schüssel im heißen Wasserbad schmelzen. Flüssige Schokolade, Mandeln, Kakaopulver und Mehl unter die Eigelbmasse rühren.
4 Das Backpulver mit dem Eiweiß steif schlagen, unter den Teig heben.
5 Den Teig auf dem Backpapier ausstreichen. Im vorgeheiz-ten Ofen bei 160 °C etwa 25 Minuten backen. Auskühlen lassen, dann in 5 cm große Quadrate schneiden.
6 Die Johannisbeeren von den Stielen zupfen, pürieren, durch ein Chromstsahlsieb streichen. Den Honig unter-rühren. Den Rahm steif schlagen und unter die Frucht-sauce ziehen.
7 Kurz vor dem Servieren auf die Hälfte der Quadrate den Johannisbeerschaum spritzen, mit den restlichen Quadraten bedecken.

Abbildung Seite 69

Gezuckerte Blüten und Blätter

Zum Kandieren eignen sich ver-schiedene offene Blüten und Blätter, z. B. Basilikum, Pfeffer-minze, Salbei, Blüten der Speisechrysantheme, wohl-riechende Rosenblüten usw.

1 Eiweiß von einem Freilandei
2 gehäufte EL Zucker
1 Prise Weinstein- oder
Zitronensäure
trockene Blüten und Blätter

1 Das Eiweiß in einer kleinen Schüssel leicht schlagen, damit es seine Zähflüssigkeit verliert. Nicht schaumig schlagen!
2 Den Zucker mit der Weinsteinsäure mischen.
3 Blüten und Blätter mit dem leicht verquirlten Eiweiß ein-pinseln, die Blätter nicht zu nass machen, jedes Blatt sorgfältig mit der Zuckermischung bestreuen. Auf einem Kuchengitter trocknen lassen.

Tipp Sie schmecken alle himmlisch und können einige Monate ohne Aromaverlust in einer Vorratsdose aufbewahrt werden.

Erfrischender Pfefferminzsekt

Drink

5 l Wasser
500 g Zucker
20 g erntefrische
Pfefferminzblättchen
2 Bio-Zitronen,
Saft und Schale
30 weiße (geschälte)
Reiskörner

1 Das Wasser zusammen mit dem Zucker aufkochen, abkühlen lassen. Pfefferminzblättchen, zerkleinerte Zitronen-
schalen, Zitronensaft und Reiskörner zufügen, den Kochtopf zudecken, 4 bis 6 Tage an die Sonne stellen, den
Sekt morgens und abends umrühren.
2 Sobald sich an der Oberfläche Bläschen bilden, kann der
Sekt durch ein Tuch (Mull-/Gazetuch) abgeseiht und in
Flaschen bis 7 cm unter den Verschluss abgefüllt werden.
Flaschen aufrecht in den kühlen Keller stellen.

Wichtig Die Flaschen müssen entweder einen Schraubverschluss haben oder mit einem Korken geschlossen werden
können, da weiterhin Kohlensäure produziert wird. Die
Flaschen können unter sehr starkem Druck stehen, deshalb
hin und wieder den Verschluss leicht öffnen, damit etwas
Gas entweichen kann. Den Sekt innerhalb von 4 Wochen
gekühlt trinken.

Tipp Wenn die Sonne «streikt», kann der Sekt zwischendurch
bei schwacher Hitze (kleinste Stufe) auch leicht erwärmt
werden.

Varianten Pfefferminze durch Holunderblüten oder Zitronen-
melisseblättchen ersetzen. Und weshalb nicht einen Sekt
mit jungen Salbei- oder Basilikumblättern?

herbst

Bodenkohlrabi/ Kohlrübe

Brassica napus
var. nappobrassica

Synonyme
Schmelzrübe, Bodenrübe,
Stockrübe, Chou-rave, Wruke,
Dorsche, Dotsche, Rutabaga.

Herkunft
Der Bodenkohlrabi gehört zur
Familie der Kreuzblütler. Man
weiß wenig über die Herkunft
dieser alten Kulturpflanze.
Man vermutet, dass die Rübe
im westlichen Mittelmeerraum
durch Kreuzung von Kohlrabi
und Herbstrübe entstanden ist.

Pflanze
Der Bodenkohlrabi wird in
den gemäßigten Klimazonen
angebaut. Die Pflanze ist anspruchslos und schnellwach-
send (3-Monats-Pflanze). Die
Rübe kann bis zu 1,5 kg
schwer werden. Die kräftigen
blaugrünen Blätter wachsen
ähnlich einer Rosette aus der
Rübe. Die dicke Haut ist am
Wurzelkopf hellgrün, gegen
die Wurzelmitte hin wird sie
gelb. Häufig werden Bodenkohlrabi Anfang oder Ende Juli
als Nachfrucht gepflanzt.
Temperaturen von bis minus
10 °C überstehen die Rüben
problemlos; sie müssen deshalb im Spätherbst nicht gleich
geerntet werden. Bodenkohlrabi sind auf Drahtwürmer an-
fällig; sie fressen sich durch
die Wurzeln in die Rübe, wo
sie feine Spuren hinterlassen.

Inhaltsstoffe/Wirkung
Die Kohlrübe ist reich an
Traubenzucker, Eiweiß, Fett,
Kalzium, Provitamin A (gibt
der Rübe die gelbe Farbe),
Vitamine B_1, B_2 und C.

Küche
Der Bodenkohlrabi war während der Kriegs- und Hunger-
jahre sehr gefragt. Er ist
seither etwas in Vergessenheit
geraten. Die gekochte Rübe
ist leicht süßlich, roh schmeckt
sie herb und erdig.

Etagenzwiebel/ Luftzwiebel

Allium x proliferum

Synonyme
Ägyptische Zwiebel, Cata-
wissazwiebel, Bulbenzwiebel

Pflanze
Die Etagenzwiebel ist ein
Liliengewächs. Sie ist aus der
Kreuzung von Winter- und
Speisezwiebel entstanden. An
den langen, hohlen Stängeln
entwickeln sich während des
Sommers Kronen aus kleinen
Brutzwiebeln. Die Zwiebelchen
bilden keine Blüten, sondern
treiben oft auf ihrem luftigen
«Hochsitz» wieder aus. Die
schmackhaften, dekorativen

Zwiebelchen können geerntet werden oder als Pflanzgut wieder in den Boden gesteckt werden. Sie sind winterhart.

Inhaltsstoffe/Wirkung

Das ätherische Öl Allicin gibt der Zwiebel einen mild bis beißend scharfen Geschmack. Das süßliche Aroma rührt vom Zucker her; der Zuckeranteil beträgt 8 bis 9 %. Die Zwiebeln enthalten ferner Eiweiß, Kalzium, Schwefel, Fluor, Provitamin A sowie die Vitamine B_1, B_2, B_6, E und C. Zwiebeln regen den Appetit an, fördern die Verdauung, wirken harntreibend, senken den Blutdruck, fördern den Gallenfluss, stärken die Herztätigkeit und lindern Atemwegserkrankungen.

Küche

Etagenzwiebeln sind nicht sehr ertragreich, dafür um so dekorativer. Die Zwiebelchen eignen sich zum Rohessen, für Saucen, zum Braten mit Kräutern oder zum Einlegen in Essig. Die Zwiebelblätter können wie Schnittlauch oder Schnittzwiebeln verwendet werden. In einem kühlen, trockenen Raum können die Etagenzwiebeln wie normale Zwiebeln gelagert werden.

Schnittzwiebel

Allium fistulosum

Synonyme

Winterheckenzwiebel, Salatzwiebel, Ewige Zwiebel

Herkunft

Die Schnittzwiebel gehört zur Familie der Liliengewächse. Eine Wildform ist nicht bekannt. Die Schnittzwiebel wurde in China bereits in vorchristlicher Zeit kultiviert und kam vermutlich im 17. Jahrhundert über Russland nach Europa. In der chinesischen und japanischen Küche wird sie seit Jahrhunderten wie grüne Zwiebel verwendet.

Pflanze

Die Schnittzwiebel ist eine sehr dicht wachsende Stängelzwiebel. Anstelle des Stängels bildet sich viel Laub. Die ausdauernde Pflanze bleibt lange Zeit am gleichen Ort und bildet Horste aus. Sie wird aus diesem Grund auch Ewige Zwiebel genannt. Die Schnittzwiebel ist winterhart, die hohlen Blätter bleiben lange Zeit frisch und grün. Im zweiten Vegetationsjahr bilden sich im Sommer an den Triebspitzen kleine Luftzwiebeln. Schnittzwiebeln wachsen schneller und sind weniger wärmebedürftig als Schnittlauch. Die dünnen Röhren sind allerdings weniger stabil.

Inhaltsstoffe/Wirkung

Siehe Etagenzwiebel

Küche

Die Schnittzwiebel ist im Winter ein wunderbarer Ersatz für Schnittlauch. Sie kann überall dort eingesetzt werden, wo «Grün» gewünscht ist. Im Geschmack ist sie weniger ausgeprägt als die Küchenzwiebel.

den. Sie stammt aus Chioggia im Veneto in Italien. Typisch für diese Sorte sind die abgeflachte Rundform und die wunderschöne zweifarbige Ringzeichnung.

Inhaltsstoffe/Wirkung

Die Rande hat einen großen gesundheitlichen Wert. Der rote Farbstoff verbessert die Zellatmung und wirkt sich günstig auf die körperliche und geistige Leistungsfähigkeit aus. Wie fast alle Wurzelgemüse ist die Rande reich an Kalium, Natrium, Phosphor, Magnesium und Eisen.

Rande/Rote Bete

Beta vulgaris

Synonyme

Rote Rübe, Salatbete, Salatrübe, Runkelrübe, Rahne, Rohne, Roter Rettich, Rotmöhre, Betarübe

Herkunft

Die Rande gehört zur Familie der Gänsefußgewächse. Sie stammt wie der Mangold und die Futter- und Zuckerrübe von der formenreichen Meer-

strandrübe oder dem Seemangold ab. Die heutigen Kulturformen sind erst im 19. und 20. Jahrhundert entstanden. Der in der Schweiz gebräuchliche Name «Rande» dürfte darauf zurückzuführen sein, dass die Bauern die Rüben am Feld(rand) angepflanzet hatten.

Pflanze

Die meisten Randensorten sind rundlich, längliche werden eher selten angebaut. Praktisch unbekannt sind die weißen, gelben und goldigfarbenen Randen, die kein Betanin (Glykosid) enthalten, das den Randen die rote Farbe gibt. Die Sorte «Chioggia» zählt zu den Ägyptischen Ran-

Küche

Bei früh geernteten Randen sind die fleischigen Blätter zart und können wie Mangold zubereitet werden. Die rohe Rübe hat wegen der Oxalsäure einen leicht kratzenden, seifigen Geschmack, gekocht schmeckt sie angenehm süßlich. Der Randensaft wird als naturreiner Farbstoff zum Färben vieler Lebensmittel eingesetzt.

1 Chioggia
2 Carotte Range du Pay
3 Chioggia, aufgeschnitten
4 Noire de Lausanne

Süßkartoffel

Ipomoea batatas

Synonyme

Batate, Weiße Kartoffel, Knollenwinde, Patatas

Herkunft

Die Heimat der Süßkartoffel wird in Mittel- und Südamerika vermutet. Die Ureinwohner Amerikas nannten sie «Batate». Im 16. Jahrhundert – noch vor der Kartoffel – kam die Süßkartoffel nach England, wo sie in «potato» umgetauft wurde, also den gleichen Namen bekam wie später die Kartoffel. Die wärmeliebende Süßkartoffel wird heute vor allem in den Tropen- und Subtropen sowie in gemäßigten Zonen angebaut. In Europa sind Spanien und Portugal die wichtigsten Anbauländer. Weltweit belegt die Knolle den 5. Platz, hinter Reis, Weizen, Mais und Maniok. Bis Mitte des 20. Jahrhunderts war die aus der Knolle gewonnene Stärke (Süßkartoffelmehl, Sago, Arrow-root) sehr beliebt.

Pflanze

Die Süßkartoffel gehört zur Familie der Windengewächse. Die kriechende, buschige Pflanze hat spindelförmige Wurzelstöcke, die sich zu kartoffelähnlichen Knollen verdicken. Es besteht keine botanische Verwandtschaft mit der Kartoffel oder der Topinambur. Die Süßkartoffeln können rundlich, länglich oder spindelförmig sein. Es werden mehrheitlich rot- und braunschalige Knollen mit weißem Fleisch angebaut. Rotschalige Knollen mit lachsfarbenem Fleisch sehen nicht nur wunderschön aus, sie sind auch reich an Karotin.

Inhaltsstoffe

Die Süßkartoffel enthält je nach Anbaugebiet und Sorte mehr Kohlehydrate als die Kartoffel. Sie ist reich an Kalzium, Phosphor und Magnesium.

Küche

Die süßlich schmeckende Knolle ist reich an Kohlehydraten. Am besten schmeckt die Süßkartoffel aus der Glut des offenen Feuers oder aus dem Backofen.

1 Rotschalige
  Süßkartoffel
2 Braunschalige
  Süßkartoffel

Topinambur
Helianthus tuberosus

Synonyme
Erdbirne, Erdapfel, Erdarti-
schocke, Erdschocke, Knollen-
sonnenblume, Jerusalem-
Artischocke, Zuckerkartoffel,
Ewigkeitskartoffel, Indianer-
kartoffel, Diabetiker-Kartoffel,
Furzwurzel

Herkunft
Die Topinambur ist in Süd-
und Nordamerika beheimatet.
Den eigenartigen Namen verdankt sie einem Indianerstamm
in Brasilien, den Tupi-Guarani
oder Tupinambas. Forscher
brachten die Knolle im Jahre
1612 nach Frankreich, von wo
aus sie sich über ganz Europa
zu verbreiten begann.

Pflanze
Die Topinambur gehört wie die
Sonnenblume zur Familie der
Korbblütler. Wenn sie sich an
einem Ort wohl fühlt, ist sie
kaum mehr zu vertreiben. Die
hoch sprießende Pflanze bildet
im Boden wie die Kartoffel ein
«Gelege» mit 8 bis 10 neuen
Knollen, welche spindelförmig,
bucklig oder birnenförmig
(Erdbirne) sein können. Je
nach Sorte ist die Haut beige,
rotbraun oder violett. Das
weißliche Fleisch verfärbt sich
bei Sauerstoffeinfluss bräun-
lich.

Inhaltsstoffe/Wirkung
Topinambure sind reich an
Kalium, Phosphor, Kalzium,
Magnesium und Eisen. Die
Knolle ist ideal für Diabetiker,
da sie ein Reserve-Kohle-
hydrat (Inulin) enthält, das
ohne Insulin verdaut werden
kann. Bei nur sporadischem
Wurzelkonsum (Verzicht auf

Karotten, Knollensellerie,
Rettich usw.) können Topinambure (Furzwurzel) Blähungen
verursachen.

Küche
Anfänglich war die Topinambur eine Zierpflanze, dann
Futterpflanze und erst später
hielt sie in der Küche Einzug.
Gekochte Topinambure haben
ein wunderbares nussiges, arti-
schockenähnliches Aroma.

1 Rotklee Signau
2 Fauseau
3 «Biosem» hell
4 Villachern (hellbraun-
schalig)
5 «Biosem» dunkel
6 Schönbuch (rotschalig)

Ysop
Hyssopus officinalis

Synonyme
Essigkraut, Hyssop, Ibsche,
Josefkraut

Herkunft
Der Ysop ist in Nordafrika,
Vorder- und Mittelasien sowie
im Mittelmeerraum beheimatet. Mönche brachten das
Kraut in die Länder nördlich
der Alpen, wo es als Zier-,
Würz- und Heilpflanze angebaut wird.

Pflanze
Der anspruchslose Ysop gehört
zur Familie der Lippenblütler.
Der mehrjährige winterharte
Halbstrauch wird 30 bis 60 cm
hoch. Aus den älteren, ver-
holzten Zweigen sprießen
vierkantige Stängel mit lan-
zettförmigen Blättern. Der
Strauch blüht von Juni bis
September wunderschön blau-
violett. Seltener sind weiße
und rötliche Blüten.

Inhaltsstoffe/Wirkung
Nebst Kohlehydraten enthält
der Ysop Mineralstoffe, Harz,
Gerb- und Bitterstoffe sowie
0,3 bis 0,9 % ätherische Öle.
Die blühenden Spitzen – frisch
oder getrocknet – sind ein
bewährtes Hausmittel bei Hus-
ten, Bronchitis und Erkältun-
gen. Als Gurgelwasser kann er
wie Salbei bei Halsentzündun-
gen eingesetzt werden. Ysop
gilt als stärkend, appetitan-
regend, verdauungsfördernd,
harntreibend, entzündungs-
und schweißhemmend.

Küche
Frischer Ysop ist leider im
Handel nicht erhältlich. Er
kann jedoch problemlos im
Garten oder auf dem Balkon
gezogen werden.
Getrockneten Ysop (Blätter)
findet man ab und zu auch in
Gewürzhandlungen. Das Kraut
hat einen herben, leicht bitteren Geschmack und erinnert
an Pfefferminze. Als Gewürz
sind die frischen Blätter sparsam zu dosieren. Ysop passt
hervorragend zu Bohnen,
Fisch, Kartoffeln, in Terrinen,
Knödel und Gemüsesuppen.
Kräuteressig und Kräuterlikör
bekommen einen aromati-
schen, leicht herben Ge-
schmack.

Chioggia-Chips

Aperitif

Chioggia (zweifarbige
Rande/Rote Bete)
natives Olivenöl extra
Meersalz
frisch gemahlener
schwarzer Pfeffer

1 Chioggia schälen, die Knollen auf einem Gemüsehobel in feine Scheiben hobeln.
2 Chioggiascheiben in einer Bratpfanne in reichlich Olivenöl knusprig braten, abtropfen lassen, mit Salz und Pfeffer würzen.

Tipp Zum Aperitif oder zu Salat servieren.

Stangensellerie-Käse-Cocktail mit Jogurtdressing

Vorspeise

300 g Stangen-/Staudensellerie
150 g Tilsiter Käse, gewürfelt

Dressing
1 Becher (180 g) Naturjogurt
oder Sauerrahm/saure Sahne
1 EL Zitronensaft
Meersalz
Paprikapulver

frisch gemahlener
schwarzer Pfeffer
fein gehackter Majoran

einige Blätter Radicchio
di Verona/Cicorino rosso

Schnittzwiebelröllchen oder
-blüten für die Garnitur

1 Einige Sellerieblätter für die Garnitur beiseite legen, die Stangen abbrechen und die groben Fasern abziehen. Die Stangen in sehr feine Scheiben schneiden.
2 Den Jogurt mit dem Zitronensaft verrühren, würzen.
3 Stangensellerie und Tilsiter mit dem Dressing vermengen, in hohen Gläsern anrichten. Mit Cicorino rosso, Sellerieblättern und Schnittzwiebelröllchen garnieren.

Tipp Als Vorspeise oder zu Schalenkartoffeln servieren.

Abbildung

Bierrettich-Käse-Salat

Vorspeise

300 g Bierrettich
100 g Emmentaler Käse

Sauce
3 El Weißweinessig
1 TL Senf
Meersalz
gemahlener schwarzer Pfeffer
3 EL kalt gepresstes
Sonnenblumenöl

4 Hand voll herbstlicher
Blattsalat

1 Die Sauce zubereiten.
2 Den gewaschenen Bierrettich und den Emmentaler Käse
   auf der Bircher-Rohkostreibe in die Sauce reiben, vermengen.
3 Den Blattsalat gefällig auf Tellern anrichten. Mit etwas
   Weißweinessig und Sonnenblumenöl beträufeln. Bier-
   rettich-Käse-Salat darauf anrichten.

Variante Der Salat kann auch mit Winterrettich zubereitet
   werden. Mit Streifen von Randen-/Rote-Bete-Blättern,
   Gartenmelde, Kapuzinerkresse oder Ringelblumenblütenblättern garnieren.

Chioggia-Carpaccio

Vorspeise

200–300 g Chioggia
(zweifarbige Rande/Rote Bete)
1 mittelgroße Zwiebel,
fein gehackt
2 EL nicht zu fein
geschnittener Schnittlauch

Vinaigrette
2 EL Weißweinessig
Meersalz
frisch gemahlener
weißer Pfeffer
4 EL Rapsöl

1 Die Vinaigrette zubereiten.
2 Chioggia schälen, die Knollen auf dem Gemüsehobel in
   sehr feine Scheiben hobeln, auf einer Platte oder auf
   Tellern anrichten. Zwiebeln und Schnittlauch darüber
   streuen. Mit der Vinaigrette beträufeln.

Variante Mit Randen/Roten Beten, Karotten oder Bierrettich
   zubereiten.

Abbildung

Lauwarme Randen mit Meerrettichsauce

Vorspeise

500–600 g rohe Randen/
Rote Beten

Sauce
1 Becher (180 g)
Sauerrahm/saure Sahne
1–2 EL fein geriebener
Meerrettich
½ kleiner Apfel
Meersalz

1 Die Randen in einen Kochtopf geben und mit Wasser
bedecken, aufkochen, je nach Größe 20 bis 30 Minuten
garen; die Knollen dürfen noch Biss haben. Heiß schälen
und in 5 mm dicke Stäbchen schneiden. Auf Tellern
anrichten.

2 Sauerrahm und Meerrettich verrühren, die Apfelhälfte samt
Schale auf der Bircher-Rohkostreibe dazu reiben, mit Salz
würzen. Die Sauce über die Randen verteilen. Sofort
servieren.

Aromatische Süßkartoffelsuppe

Vorspeise

500 g rotfleischige
Süßkartoffeln
6 dl/600 ml Wasser
½ TL frisch geriebene
Ingwerwurzel
½ TL Korianderpulver
je 1 Prise Kardamom- und
Chilipulver
Meersalz
1 dl/100 g steif geschlagener
Rahm/süße Sahne
wenig Liebstöckel,
nach Belieben

1 Die Süßkartoffeln schälen und zerkleinern, zusammen mit
dem Wasser aufkochen, bei schwacher Hitze köcheln
lassen, bis die Kartoffeln weich sind. Pürieren.

2 Die Süßkartoffelsuppe zusammen mit den Gewürzen
aufkochen, mit Salz abschmecken. Anrichten. Mit dem
steif geschlagenen Rahm und nach Belieben mit Liebstöckel garnieren.

Abbildung

Panierter Bodenkohlrabi

Beilage

800 g Bodenkohlrabi/Kohlrüben
Mehl
2 Freilandeier
3 EL natives Olivenöl extra
1 Msp Meersalz
4–5 EL geriebener Sbrinz oder
Parmesan
10 EL Paniermehl
50 g Butterflocken

1 Die Bodenkohlrabi schälen und in 2 bis 3 cm große Würfel schneiden, im Dampf knackig garen, 10 bis 15 Minuten.
2 Den Backofen auf 180 °C vorheizen. Eine Gratinform oder ein Kuchenblech mit Olivenöl bepinseln.
3 Das Mehl in einen Teller geben. In einem Suppenteller Eier, Olivenöl und Salz verquirlen. In einem dritten Teller Käse und Paniermehl mischen.
4 Die Bodenkohlrabiwürfel zuerst im Mehl, dann im Ei und zuletzt in der Käse-Paniermehl-Mischung wenden, in die Form legen. Mit Butterflocken belegen.
5 Die panierten Gemüsewürfel im vorgeheizten Backofen bei 180 °C knusprig backen, 20 bis 30 Minuten.

Tipp Mit Tomatensauce oder buntem Salat servieren.

Variante Mit Knollensellerie oder Topinambur zubereiten.

Herbstliches Bodenkohlrabigemüse

Beilage

2 EL natives Olivenöl extra
600 g Bodenkohlrabi/Kohlrüben
1 dl/100 ml Wasser
200 g Lauch
1 TL Rosmarinnadeln
50 g entsteinte schwarze
Oliven, gehackt
Meersalz
frisch gemahlener
schwarzer Pfeffer

1 Die Bodenkohlrabi schälen und in Stäbchen schneiden. Den Lauch putzen, längs halbieren und in schräge Streifen schneiden.
2 Die Bodenkohlrabi im Olivenöl andünsten, das Wasser angießen, das Gemüse knackig garen, etwa 8 Minuten. Lauch und Rosmarinnadeln zufügen, einige Minuten weiterköcheln lassen. Oliven unterrühren. Mit Salz und Pfeffer abschmecken.

Tipp Mit Polenta servieren.

Abbildung

Topinamburkuchen

Vorspeise
für 6 bis 8 Personen
Hauptspeise
für 4 Personen

**für ein Kuchenblech von
26 bis 28 cm Durchmesser**

Teig
200 g Weißmehl/Mehltyp 405
½ TL Meersalz
1 Msp Safranpulver
60 g kalte Butterstückchen
4–5 EL kaltes Wasser

500 g Topinambure
**200 g fest kochende kleine
Kartoffeln, Typ A**

Guss
**1 Becher (1,8 dl/180 ml)
Sauerrahm/saure Sahne**
1,5 dl/150 ml Milch
1 Freilandei
1 EL Mehl
1 TL Meersalz
**je 2 Prisen frisch geriebene
Muskatnuss und Zimtpulver
frisch gemahlener Pfeffer**

1 Für den Teig Mehl, Salz und Safran mischen, die Butterstückchen zufügen und mit dem Mehl krümelig reiben. Das Wasser zugeben, rasch zu einem Teig zusammenfügen. Den Teig zwischen zwei Klarsichtfolien auf Blechgröße ausrollen, in das eingefettete Blech legen. 30 Minuten kühl stellen.

2 Topinambure und Kartoffeln waschen, mit der Schale in feine Scheiben schneiden, im Dampf bissfest garen, 5 bis 8 Minuten, abkühlen lassen.

3 Für den Guss sämtliche Zutaten verrühren, würzen.

4 Den Backofen auf 220 °C vorheizen.

5 Topinambur- und Kartoffelscheiben auf den Teigboden verteilen, den Guss darüber gießen.

6 Topinamburkuchen im vorgeheizten Backofen bei 220 °C 30 bis 40 Minuten backen.

Blutwurst mit Etagenzwiebelsauce

Hauptmahlzeit

2 Blutwürste

20 g Butter
1 Tasse Etagenzwiebeln/
Luftzwiebeln, geschält
und halbiert
1 TL Mehl
1 Nelke
2 Prisen Zimtpulver
1,5 dl/150 ml kräftiger Rotwein
1 Becher (1,8 dl/180 g) Rahm/
süße Sahne
Meersalz

1 Jede Blutwurst in 4 dicke Scheiben schneiden, die Haut mit einem scharfen Messer vorsichtig abziehen.
2 Die Teller warm stellen.
3 Die Butter in der Pfanne zergehen lassen, Etagenzwiebeln zufügen und Farbe annehmen lassen. Das Mehl darüber streuen, mit wenig Salz würzen, Nelke und Zimtpulver zufügen, den Rotwein angießen, einige Minuten köcheln lassen. Den Rahm angießen. Die Sauce mit Salz ab- schmecken. Die Blutwurstscheiben darauf setzen, zuge- deckt bei schwacher Hitze heiß werden lassen, das dauert etwa 4 Minuten.
4 Die Sauce mit den Blutwurstscheiben auf den vorgewärm- ten Tellern anrichten.

Tipp Als Hauptmahlzeit je nach Appetit die doppelte Menge berechnen und mit Dampfkartoffeln servieren. Das Gericht kann auch als Vorspeise für 4 Personen serviert werden. Anstelle von Etagenzwiebeln können Schalotten oder Zwiebeln verwendet werden.

Forellenfilets mit Tomaten-Kräuter-Concassé

8 Forellenfilets mit Haut
2–3 EL Bratbutter/
Butterschmalz
Meersalz
frisch gemahlener
schwarzer Pfeffer

Tomaten-Kräuter-
Concassé
4 Tomaten
1 Bund Petersilie
1 Bund Ysop
2 Knoblauchzehen
1 mittelgroße Zwiebel
1 EL Kapern
1 EL natives Olivenöl extra
Meersalz
frisch gemahlener
schwarzer Pfeffer

1 Die Tomaten an der Spitze kreuzweise einschneiden, in einem Schaumlöffel in kochendes Wasser tauchen, bis sich die Haut löst. Die Früchte unter kaltem Wasser abschrekken, schälen und den Stielansatz kreisförmig herausschneiden, die Tomaten klein würfeln. Petersilie und Ysop in Streifen schneiden, die Knoblauchzehen durchpressen, die Zwiebel fein hacken. Sämtliche Zutaten miteinander vermengen, mit Salz und Pfeffer abschmecken.

2 Die Forellenfilets mit Salz und Pfeffer würzen, sanft in das Fleisch einreiben. Die Bratbutter in einer nicht klebenden Pfanne schmelzen. Bevor die Butter zu schäumen beginnt, die Filets mit der Hautseite oben in die Bratpfanne legen. Bei mittlerer Hitze 3 Minuten braten, wenden und nochmals 3 Minuten braten.

3 Die Forellenfilets auf vorgewärmten Tellern anrichten. Tomaten-Kräuter-Concassé darüber verteilen.

Tipp Mit Buchweizen (siehe Bild), Reis oder Dampfkartoffeln servieren.

Buchweizen mit gerösteten Nüssen

300 g Buchweizen
4 dl/400 ml Wasser
1 TL Gemüsebrüheextrakt
2 EL Butter
1 mittelgroße Zwiebel
1/2 Bund Petersilie
50 g grob gehackte, geröstete
Haselnüsse

1 Die gehackten Nüsse in einer Bratpfanne hellbraun rösten.

2 Den Buchweizen in einem Sieb mit reichlich heißem Wasser überbrausen. Mit dem Wasser und dem Gemüsebrüheextrakt aufkochen, bei schwacher Hitze 5 Minuten köcheln, von der Wärmequelle nehmen und etwa 15 Minuten zugedeckt nachquellen lassen. In einem Sieb abtropfen lassen.

3 Die fein gehackten Zwiebeln in der Butter andünsten, Buchweizen zufügen und kurz mitdünsten. Nach Belieben nachwürzen. Kurz vor dem Servieren die fein gehackte Petersilie und die gerösteten Nüsse unterrühren.

Kürbis-Vermicelles

Dessert

**350 g mehliges Kürbisfleisch,
z. B. Potimarron
50–60 g Puderzucker
1½ EL Kirsch
je 1 kleine Prise frisch
geriebene Muskatnuss, Pfeffer
und Meersalz
2 große Prisen Vanillepulver**

Schlagrahm/-sahne

1 Das Kürbisfleisch in kleine Würfel schneiden, im Dampf weich garen, 8 bis 10 Minuten.
2 Kürbisfleisch zusammen mit dem Puderzucker und dem Kirsch pürieren, mit den Gewürzen abschmecken. Erkalten lassen, dann 30 Minuten kühl stellen.
3 Das Kürbispüree in die Vermicelle-Presse füllen, auf die Teller drücken. Mit Schlagrahm garnieren.

winter

Amarant

Amaranthus dubius

Synonyme

Grüner oder Roter Fuchs-schwanz, Roter Heinrich, Blitos, Blitus, Meyer, Roter Meier, Blutkraut, Chinesischer Spinat

Herkunft

Der Amarant, ein Fuchs-schwanzgewächs, ist in den Tropen und Subtropen von Amerika, Afrika und Asien beheimatet. Blätter und Samen sind wertvolle Lebensmittel. Die Spanier brachten den Amarant seiner Schönheit wegen nach Europa.

Pflanze

Die Familie der Fuchsschwanz-oder Amarantgewächse um-fasst rund 60 Arten. Es wird zwischen Körner- und Ge-müsesorten und kombinierten Sorten (liefern Körner und Gemüse) unterschieden. Die kleinen dunkelroten Sorten sind bei uns als Zierpflanze sehr beliebt. Die genügsame einjährige Pflanze kann bis 2 Meter hoch werden. Die Blätter können grün, dunkelrot oder grün-violett sein. Der Körner-Amarant bildet lange, verzweigte ährige Blüten-stände, welche viel Ähnlichkeit mit einem Fuchsschwanz ha-ben. Die 1 bis 2 mm großen Samen sind braun oder schwarz.

Inhaltsstoffe/Wirkung

Amarantblätter sind reich an Provitamin A und Vitamin C. Der Eiweißanteil liegt bei 4,4 %. Auch die Körner ent-halten ein wertvolles Eiweiß, nebst Kalzium und Kalium und Vitamin C. Die kohlehydrat-reichen Körner sind glutenfrei.

Küche

Der Gemüse-Amarant wird wie Spinat gedünstet. Die Samen/ Körner lassen sich wie Reis oder Hirse zubereiten. Beliebt ist der gepuffte Amarant, der auch Bestandteil von Müesli-mischungen ist. Mehl und gepuffter und anschließend gemahlener Amarant eignen sich für Fladen oder ein nussi-ges Süßgebäck.

Einkorn

Triticum monococcum

Synonym

Einkornweizen

Herkunft

Das wilde Einkorn dürfte der Vorfahre unseres Weizens sein. Nach archäologischen Funden zu schließen, wurde der Einkorn schon vor rund 10 000 Jahren im westlichen Teil des heutigen Irans und in der östlichen Türkei angebaut. Von hier aus gelangte er über Ägypten, Nordafrika, den Bal-kan und Spanien nach Mittel-europa. In der Jungsteinzeit rangierte Einkorn hinter Emmer und vor Gerste auf dem zwei-ten Platz. Da es bei zu spätem Abbrechen spröder Ähren immer wieder zu Ertragsein-bußen kam, versuchten die

Ackerbauern im Mittelalter neue Sorten zu züchten. Anfang des 20. Jahrhunderts war das Einkorn fast verschwunden. Nun ist es seit bald 20 Jahren wieder gefragt und erfreut sich wachsender Beliebtheit.

Pflanze

Das Einkorn gehört wie fast alle Getreidesorten zur großen Familie der Gräser. Das Einkorn ist wie der Emmer ein Spelzgetreide, d. h. das Korn bleibt beim Dreschen im Spelz eingeschlossen, der in einem weiteren Arbeitsgang entfernt (geschält) werden muss. Das frostunempfindliche Getreide wird normalerweise im Herbst gesät. Zur Blütezeit erstrahlt das zierliche Getreide in warmen goldbraunen Farben. Die Ähren sind mit langen, dünnen Borsten (Grannen) besetzt. Der Name «Einkorn» besagt, dass auf beiden Seiten der Ährenspindel nur ein Korn sitzt. Beim Emmer sind es schon zwei und beim Weizen drei bis vier Körner.

Inhaltsstoffe/Wirkung

Das Einkorn ist etwas weniger stärkehaltig als Weizen, dafür enthält es mehr Eiweiß (17 bis 18 %) und 2,5 bis 2,9 % Fett.

Küche

Das kleine, feine Einkorn einige Zeit einweichen und unter ein Müesli mischen. Körner können auch gegart werden. Dank dem hohen Kleberanteil eignet sich das gelbliche Mehl hervorragend für Rühr- und Biskuitteige. Man kann das Einkornmehl unter Zugabe von 20 bis 30 % Weizenmehl auch für einen Brotteig verwenden; den Teig über Nacht aufgehen lassen. Das Brot in der Cakeform backen oder aus dem Teig Brötchen formen. Ein sehr aromatisches Brot!

Federkohl

Brassica oleracea

Synoyme

Grünkohl, Blattkohl, Krauskohl, Braunkohl, Winterkohl

Pflanze

Der Federkohl stammt wie die meisten Kohlarten aus dem Mittelmeerraum. Schon die Römer kannten und schätzten das ausgesprochen vitaminreiche Wintergemüse. Die langen, krausen Blätter mit ihren dicken, fleischigen Mittelrippen sind ähnlich einem Büschel Federn dicht über dem Boden zusammengewachsen. Für den Hausgarten empfehlen sich eher niedrige Sorten, die auch der Last des Schnees standhalten. Der Federkohl ist unter den Kohlarten der pflegeleichteste. Er passt sich jedem

1 Roter Federkohl
2 Palmkohl/Braunkohl
3 Grüner Federkohl

Boden und Klima an und ist auch resistent gegen die gefürchtete Kohlhernie (Wurzelkropf). Den Federkohl kann man auf dem Balkon auch in Töpfen ziehen.

Inhaltsstoffe/Wirkung

Grünkohl ist aufgrund seiner hohen Dichte an Biostoffen eines der wertvollsten Gemüse überhaupt. Von allen Kohlsorten enthält er am meisten Kalzium und Eiweiß, wobei 100 g Grünkohl etwa so viel Kalzium wie ein Glas Milch enthalten. Außerdem ist das Gemüse reich an Magnesium, Kalium und Eisen sowie an Betakarotin, Vitamin C und E. Neben all diesen Vorzügen ist er erst noch leichter verdaulich als seine Verwandten.

Küche

Der Federkohl ist während der Wintermonate ein willkommener Vitamin- und Mineralstofflieferant. Frost macht das Gemüse erst richtig aromatisch, da bei tiefen Temperaturen die Stärke in Zucker umgewandelt wird. Mit seinem kräftigen Aroma passt er zu Kartoffeln, Hülsenfrüchten und Wurzelgemüse. Er lässt sich aber genauso gut italienisch oder fernöstlich zubereiten. Der wenig geschätzte Geruch bleibt beim Garen ganz aus.

Haferwurzel
Tragopogon porrifolius L.

Synonyme
Bocksbart, Lauchblättriger Bocksbart, Weiß-, Mark- oder Milchwurzel, Weiße Schwarzwurzel, Salsify, Austernpflanze

Herkunft
Die Haferwurzel war schon in der Antike eine bekannte Gemüsepflanze. Ihre Heimat ist Südeuropa, Nordafrika und Mittelasien. Bis ins 18. Jahrhundert war die Wurzel in Mitteleuropa ein weit verbreitetes Gemüse, bis sie durch die dickere und deshalb ertragreichere Schwarzwurzel verdrängt wurde.

Pflanze
Die Haferwurzel gehört zur Familie der Korbblütler. Sie ist mit dem Wiesenbockbart verwandt. Ihr Name könnte mit der haferähnlichen Samenform in Zusammenhang stehen. Die zweijährige winterharte Wurzel bildet 40 bis 50 cm lange lanzettförmige Blätter. Die Pfahlwurzel wird 15 bis 30 cm lang und 0,5 bis 3,5 cm dick; manchmal bildet sie zahlreiche feine Nebenwurzeln. Die Haut ist cremefarbig, das Fleisch weiß und fleischig. Im zweiten Vegetationsjahr blüht die Haferwurzel im Juni und Juli wunderschön pfirsichrot bis violett. Nicht selten blüht sie schon im ersten Jahr, was zur Folge hat, dass die Wurzeln hart, holzig und ungenießbar werden.

Inhaltsstoffe/Wirkung
Haferwurzeln enthalten das für Diabetiker wertvolle Inulin, ein Reserve-Kohlehydrat.

Küche
Die Haferwurzeln können wie Schwarzwurzeln zubereitet werden. Im Geschmack sind sie leicht süßer und erinnern an Austern. Bis ins 19. Jahrhundert war die Wurzel auch Kaffeeersatz.

Kardy

Cynara cardunculus

Synonyme
Cardy, Karde, Kardone, spanische Artischocke, Gemüseartischocke

Herkunft
Die Kardy stammt aus dem Mittelmeerraum. Im 16. Jh. soll ein Reisender gesehen haben, wie die Spanier das Gemüse roh zu Fleisch verspeisten. Noch im vorletzten Jahrhundert wurde sie in unseren Breitengraden vielerorts angebaut. In der Romandie und in der Provence hat Kardy als Bestandteil des Weihnachtsmenüs eine längere Tradition.

Pflanze
Die Kardy ist eine dekorative, distelähnliche Pflanze, die einen warmen, nährstoffreichen und gut durchlüfteten Boden schätzt. Ab Oktober werden die grünen Stängel gebleicht. Dies kann entweder bereits auf dem Feld geschehen oder mitsamt dem Wurzelstock in einem dunklen Raum. Dabei wird die ganze Pflanze mit schwarzer Folie oder Wellkarton eingebunden. Nach etwa zwei bis drei Wochen kann man die ersten Stängel ernten.

Inhaltsstoffe
Kardys enthalten reichlich Mineral- und Gerbstoffe, Fermente und Vitamine.

Küche
Zuerst muss die bittere Haut entfernt werden, d. h. die gebleichten Stängel werden von den meist stacheligen Teilen befreit und die Fasern großzügig abgezogen. Die Stängel sofort in Zitronenwasser einlegen, damit sie sich nicht verfärben.

Besonderes
Früher hat man vor allem in Frankreich die Kardyblüten getrocknet und als Labersatz für die Weichkäseherstellung verwendet.

Kartoffel

Solanum tuberosum

Synonyme
Erdapfel, Erdbirne, Grundbirne

Herkunft
Die Kartoffel hat ihre Wurzeln in Südamerika. Bereits zu vorchristlicher Zeit ist es den Indianern im Andengebiet, auf einer peruanisch-bolivianischen Hochebene, gelungen, durch Züchtung der Kartoffel als Nahrungsmittel ihren Lebensraum über die Maisgrenze von etwa 3000 bis 4000 m ü. M. hinaus auszudehnen. In den Zentralanden kommen verschiedene Wildkartoffeln mit wohlriechenden Blüten vor.

1 Blaue Hindelbanker
2 Lilaschalige Uetendorfer

103

Mitte des 16. Jahrhunderts gelangte die Knolle nach Europa. Sie galt lange Zeit als Rarität und kuriose Gartenpflanze; die Menschen begegneten ihr mit viel Skepsis. Den Durchbruch zur eigentlichen Ackerpflanze schaffte die Kartoffel Ende des 18. Jahrhunderts.

Inhaltsstoffe/Wirkung

Die Kartoffel enthält im Durchschnitt 77 % Wasser, 19 % Kohlehydrate, 2 % Eiweiß, 0,2 % Fett und 0,8 % Cellulose (Ballaststoffe/Faserstoffe). Der Eiweißanteil ist mit 2 % eher bescheiden, dafür handelt es sich um ein hochwertiges pflanzliches Produkt. Nebst Vitamin C – 200 g decken den Tagesbedarf zur Hälfte – enthält die Knolle auch die Vitamine A, B_1, B_2 und B_6. Mit 445 mg/100 g zählt die Knolle zu den kaliumreichsten Nahrungsmitteln. Hervorzuheben ist zudem der mittlere Magnesiumgehalt von 25 mg/100 g. In Spuren kommen auch Natrium, Kupfer, Mangan, Fluor, Eisen und Jod vor.

Raritäten/Küche

Blau- respektive lilaschalige Kartoffeln wird man im Supermarkt kaum finden. Mehr Erfolg dürfte man beim Gemüsehändler oder auf einem Gemüsemarkt haben. Oder man entschließt sich, sich Saatgut zu besorgen und die Kartoffeln im eigenen Garten anzubauen. Die «blauen» Kartoffeln können Kochtyp B oder C zugeordnet werden, d. h. es handelt sich entweder um vorwiegend fest kochende oder mehlig kochende Kartoffelsorten.

Pastinake
Pastinaca sativa

Synonyme

Balsternak, Pasterna, Moorwurzel, Germanenwurzel, Hirschhornröhre, Hammelsmöhre, Welscher Persil

Herkunft

Die Wildform der Pastinake ist in ganz Europa und auch in Asien, vom Kaukasus bis nach Sibirien, verbreitet. Bei der eurasischen Urbevölkerung ist sie eine der ältesten Sammelpflanzen. Erstmals angebaut wurde die Pastinake in Italien, von wo aus sie sich über ganz Europa ausbreitete. Als Kulturpflanze erfreute sie sich bis ins 18. Jahrhundert großer Beliebtheit. Danach wurde sie in Mitteleuropa von der Kartoffel, der Karotte und dem Knollensellerie verdrängt.

Pflanze

Die Pastinake ist ein Doldengewächs. Die Samen werden im Frühjahr in die Erde gesteckt, Ernte der Wurzeln ist im Herbst, und zwar erst nach dem ersten Frost, denn nur so kann das Gemüse sein volles Aroma entfalten. Die winterharte Wurzel wird 20 bis 30 cm lang und kann einen Durchmesser von 5 bis 8 cm erreichen. Das durchschnittliche Gewicht liegt bei 300 g. Die elfenbeinfarbige Haut weist feine, ringartige dunkelbraune Einbuchtungen auf. Auch das Fruchtfleisch ist elfenbeinfarben.

Inhaltsstoffe/Wirkung

Die Pastinake verfügt über einen hohen Nährwert. Der

Anteil an Kohlehydraten liegt bei 2,9 %. Weitere Inhaltsstoffe sind Eiweiß, Fett, Kalium, Phosphor, Kalzium und Magnesium. Der hohe Gehalt an ätherischen Ölen (1,5 bis 3,6 %) gibt der Wurzel einen intensiven, aromatischen, leicht süßlichen Geschmack, der eine Mischung aus Karotte und Knollensellerie ist. Die Wurzel ist bekömmlich und leicht verdaulich. Babys und Kleinkindern kann sie wie Karotten verfüttert werden.

Küche

England, Frankreich, Skandinavien und die USA sind die wichtigsten Anbaugebiete. In diesen Ländern ist die Wurzel ein Gemüse für Feinschmecker. In Mitteleuropa wird die Pastinake vor allem für die Nahrungsmittelindustrie angebaut, z. B. für Babynahrung, Trockengemüse, Fertigsuppen und Gemüsemischungen.

Petersilienwurzel

Petroselinum crispum
ssp. tuberosum

Synonyme

Wurzelpetersilie, Hirschmöhre

Herkunft

Die Petersilienarten stammen aus dem südöstlichen Mittelmeergebiet. Bei den alten Griechen war die Petersilie ein heiliges Kraut, das in der Küche nichts zu suchen hatte. Im medizinischen Bereich setzte man die Wurzel als harntreibendes und blutreinigendes Mittel ein. Durch die Römer kamen sie in den germanischen Raum, wo sie als Küchengewürz schnell Fuß fassten.

Pflanze

Die Petersilienwurzel ist ein Doldenblütler. Im Gegensatz zu ihren populären Art-genossinnen, der Blatt- und der Krautpetersilie, fristet sie ein Mauerblümchendasein. Ihr Blattwerk ist etwas größer als das der Blattpetersilie. Die Pflanze ist winterhart. Die 6 bis 12 cm langen, konischen Wurzeln sind elfenbeinfarbig. Die Petersilienwurzel wird häufig mit der Pastinake verwechselt. Sie ist aber kleiner und hat am Blattansatz keine Vertiefung, zudem schmeckt sie herber. Die Pflanze wird heute in Mittel- und Nordeuropa in kleineren Mengen angebaut. Am populärsten ist sie in Osteuropa.

Inhaltsstoffe/Wirkung

Für den charakteristischen Geschmack ist in erster Linie das ätherische Öl «Apiol» verantwortlich. Die Wurzel ist reich an Eiweiß, Kalzium, Eisen, Vitamin C, Provitamin A sowie den Vitaminen B_1, B_2, E und Folsäure.

Küche

Die grünblättrige Petersilie ist im Sommer ein beliebtes Würzmittel, im Winter übernimmt die Petersilienwurzel diese Funktion. Die Wurzel schmeckt fein in Gemüse-Eintöpfen und Suppen. Geschmacklich erinnert sie an Karotten, Knollensellerie, Pastinaken und natürlich an Petersilie.

2

1

Rosenkohl

Brassica oleracea convar.
oleracea var. gemmifera

Synonyme
Brüsseler Kohl, Sprossenkohl,
Rosenwirsing, Brabanter Kohl

Herkunft
Der Rosenkohl ist der kleinste
Spross in der Kohlfamilie. Gezüchtet wurde er im 18. Jahrhundert, und zwar in der
Umgebung von Brüssel. Er ist
vermutlich aus Kreuzungen
von hochstrunkigen Formen
wie Grünkohl oder Markt-
stammkohl mit kopfbildendem
Weißkabis/Weißkohl entstanden.

Pflanze
Der Rosenkohl ist ein typisches
Herbst- und Wintergemüse.
Die Setzlinge werden in der
ersten Junihälfte gepflanzt,
Erntezeit ist nach dem ersten
Frost ab etwa Ende Oktober.
Nach einem Frost steigt der
Zuckergehalt markant an, was
den Röschen ihr typisches,
unverwechselbares Aroma
gibt. Gleichzeitig wird das
Zellgewebe gelockert, was sich
auf die Verdauung positiv aus-
wirkt. Bei winterharten Rosen-
kohlsorten kann während der
kalten Jahreszeit nach und
nach geerntet werden, dabei
pflückt man zuerst die unteren
voll ausgebildeten Röschen.
Neben dem weit verbreiteten
grünen gibt es auch roten
Rosenkohl, auch «Rosenkohl
Rubine» genannt. Diese Sorte
hat rote Hüllblätter, das übrige
Röschen ist grün. Beim Garen
geht die schöne Rotfärbung

leider verloren. Roter Rosenkohl ist nur selten im Handel.
Für den Markt hat er keine
Bedeutung, weil sein Ertrag
etwa 70 % unter dem des
grünen Rosenkohls liegt.

Inhaltsstoffe/Wirkung
Der Rosenkohl ist reich an
Vitamin C und Vitaminen der
B-Gruppe. Zudem enthält er
Kalium, Magnesium, Kalzium,
Eisen und Phosphor.

Küche
Wegen der Miniröschen wollte
niemand so recht an die Zu-
kunft des Rosenkohls glauben.
Das Gegenteil ist eingetroffen.
Die Röschen schmecken übrigens auch roh als Salat ausgezeichnet. Für ein Gemüse die
Röschen am Strunk kreuzweise
einschneiden, damit sie schneller und gleichmäßiger garen.

1 Rote Rosenkohlstaude
2 Grüner Rosenkohl
  (grüne Staude und
  grüner Rosenkohl)

Stachys/Knollenziest
Stachys sieboldii

Synonyme
Japanische Kartoffel, Japan-
ziest, Chinesische Artischocke,
Ziestknolle, Crosne de Japon

Herkunft
Japan und China sind die Heimat der Stachys. In Crosne
bei Paris wurden sie Ende
des 19. Jahrhunderts erstmals
feldmäßig angebaut. Unter
dem Namen «Crosne de
Japon» avancierte die Wurzel
zum kulinarischen Geheimtipp
und verbreitete sich rasch in
ganz Mitteleuropa. Um 1940
hat eine Krankheit die Pflanze
fast vollständig augerottet.
Heute sind Frankreich, Holland
und Belgien die wichtigsten
Anbauländer.

Pflanze
Die nesselartige Pflanze aus
der Familie der Lippenblütler
wird 30 bis 45 cm hoch. In der
Erde bildet sie unterirdische
Ausläufer, die sich an den En-
den perlschnurartig zu Knöllchen, den Stachys, verdicken.
Stachys sind sehr klein und
werden nur 1 bis 2 cm lang.
Stachys sehen wie ungeschälte
Krevetten/Garnelen aus. Sie
haben eine unverhornte, weißliche Haut. Die winterharten Knöllchen werden von
Hand geerntet, und zwar von
Oktober bis in den Frühling.
Beim Gemüsehändler sind
Stachys leider nur selten erhältlich. Der Grund ist der
relativ hohe Preis, der sich
durch den geringen Ertrag
(400 Stachys wiegen etwa
1 kg) und die aufwändige
Ernte ergibt. Versuchen Sie
Stachys im eigenen Garten zu
ziehen!

Inhaltsstoffe/Wirkung
Stachys sind reich an Mineralstoffen. Sie zählen wie Topinambure und Schwarzwurzeln
zu den inulinhaltigen Gemüsen
und sind damit auch für Diabetiker geeignet.

Pastinaken-Blauschimmelkäse-Türmchen

Vorspeise

400 g Pastinaken,
nicht zu dicke Wurzeln
120 g Blauschimmelkäse
1 frische Feige
Kümmelpulver
Meersalz
6 TL Kastanienhonig
2 TL Balsamessig
12 Baumnuss-/Walnusshälften

1 Die Pastinaken schälen und in 16 Scheiben von etwa 4 mm Dicke schneiden, im Dampf weich garen. Eventuell mit runden Förmchen ausstechen. Jeweils 4 Scheiben ergeben ein Türmchen (siehe Bild).
2 Den Blauschimmelkäse in 12 dünne Quadrate von unterschiedlicher Größe (siehe Bild) schneiden.
3 Pastinakenscheiben und Käsequadrate zu einem Türmchen zusammensetzen. Mit einem Feigenviertel garnieren. Mit Kümmelpulver und Salz bestreuen, mit Kastanienhonig und Balsamessig beträufeln. Mit den Nüssen garnieren.

Abbildung

Haferwurzel-Bananen-Salat

Vorspeise

3 EL Zitronensaft

200–300 g Haferwurzeln
1 feste, reife Banane

Sauce
1 dl/100 g Rahm/süße Sahne
½ Bio-Zitrone, abgeriebene Schale
2–3 EL Zitronensaft
2 Prisen Currypulver
1 Prise Salz
1 Prise Zucker

einige Blätter Radicchio di Verona/Cicorino rosso
einige Blätter Brüsseler Endivie/weißer Chicorée

1 Die Zutaten für die Sauce gut verrühren.
2 Eine Schüssel mit kaltem Wasser bereit stellen, Zitronensaft (3 EL) zufügen. Die Haferwurzeln unter fließendem kaltem Wasser mit dem Sparschäler schälen, sofort in das Zitronenwasser legen, damit sie sich nicht braun verfärben.
3 Die Wurzeln in sehr feine Scheiben schneiden, sofort mit der Sauce mischen. Die Banane schälen, klein würfeln, unter den Salat mischen. 30 Minuten stehen lassen.
4 Die Salatblätter auf die Teller verteilen. Den Haferwurzel-Bananen-Salat darauf anrichten.

Variante Für dieses Rezept eignen sich auch Schwarzwurzeln, Stachys/Knollenziest und Topinambure.

Maisroulade mit Federkohlfüllung

Vorspeise
8 bis 10 Personen
Hauptmahlzeit
4 bis 5 Personen

125 g mittelfeiner Maisgrieß
6 dl/600 ml Gemüsebrühe
1 Lorbeerblatt

100 g Federkohl/Grünkohl
60 g in Öl eingelegte
getrocknete Tomaten
30 g Bergkäse
1 TL Rosmarinnadeln
1 Knoblauchzehe
frisch gemahlener Pfeffer

Tomatensauce
2 EL natives Olivenöl extra
1 kleine Zwiebel
1 Knoblauchzehe
250 g Pelati aus dem Glas
2–3 EL Wasser
1 Prise Zucker
1 Prise Chilipulver
Meersalz

1 Den Maisgrieß in der Gemüsebrühe unter Rühren auf-kochen, das Lorbeerblatt zufügen, bei schwacher Hitze unter zeitweiligem Rühren 15 bis 20 Minuten köcheln.

2 In der Zwischenzeit den Federkohl im Salzwasser 3 bis 4 Minuten blanchieren, abgießen und unter kaltem Wasser abschrecken. Die Blattrippen entfernen, die Blätter fein hacken.

3 Getrocknete Tomaten in feine Streifen schneiden. Den Bergkäse klein würfeln.

4 Den Maisbrei auf einem Backtrennpapier 4 mm dick und rechteckig ausstreichen. Federkohl, Tomaten und Käse darauf verteilen, mit Rosmarin, durchgepresstem Knob-lauch und frisch gemahlenem Pfeffer würzen. Das Maisblatt mit Hilfe des Backtrennpapiers aufrollen, 30 Minuten ruhen lassen.

5 Für die Sauce die Zwiebel und die Knoblauchzehe fein hacken, im Olivenöl andünsten, zerkleinerte Pelati zufügen, bei schwacher Hitze 15 bis 20 Minuten köcheln lassen. Die Tomatensauce würzen.

6 Den Backofen auf 200 °C vorheizen.

7 Die Maisroulade in 15 mm dicke Scheiben schneiden, auf ein Blech legen, im Ofen heiß werden lassen.

8 Maisroulade auf vorgewärmten Tellern anrichten und mit der Tomatensauce umgießen.

Bunter Einkornsalat

Hauptmahlzeit

220 g Einkorn
4 dl/400 ml Wasser
1 kleine Karotte
1 kleine Pfälzer Rübe
wenig Lauch
150 g Bergkäse

Sauce
4 EL Rotweinessig
Rosmarin
Majoran
frisch gemahlener
schwarzer Pfeffer
3 EL natives Olivenöl extra
2 Knoblauchzehen

1 Einkorn über Nacht im Wasser einlegen, am nächsten Tag im Einweichwasser bei schwacher Hitze 15 bis 20 Minuten kochen, auf der ausgeschalteten Wärmequelle zugedeckt 5 bis 10 Minuten ausquellen lassen.
2 Die Sauce zubereiten, die Knoblauchzehen dazupressen. Das noch warme Getreide mit der Sauce vermengen.
3 Karotte und Pfälzer Rübe schälen, in möglichst kleine Würfelchen schneiden (Brunoise). Den Lauch putzen und in Streifchen schneiden. Den Bergkäse klein würfeln.
4 Das Gemüse mit dem Käse zum Getreide geben, gut vermengen, 30 Minuten ziehen lassen.

Variante Für dieses Rezept eignet sich auch Dinkel, Weizen oder Emmer.

Abbildung oben

Roher Rosenkohlsalat mit Nüssen

Vorspeise

250 g Rosenkohl
1 kleiner rotbackiger Apfel
2–3 EL grob gehackte
Baumnuss-/Walnusskerne

Sauce
2 EL Zitronensaft
2 EL Apfel- oder Weißweinessig
1 KL Honig
2 EL Baumnuss-/Walnussöl
6 EL kalt gepresstes
Sonnenblumenöl
Meersalz
frisch gemahlener Pfeffer

1 Die Sauce zubereiten.
2 Den Rosenkohl putzen, die Köpfchen in feinste Scheiben schneiden oder hobeln, zur Sauce geben. Den Apfel ungeschält halbieren, entkernen, die Hälften zuerst in 8 Schnitze und diese quer in Stäbchen schneiden, mit dem Rosenkohl vermengen. 15 Minuten stehen lassen. Die Nüsse vor dem Servieren zufügen.

Variante Für die Sauce kann auch nur Sonnenblumenöl verwendet werden. Nach Belieben mit wenig Rahm/süßer Sahne verfeinern.

Abbildung unten

Eingelegte Kardy

600–800 g gebleichte
Kardystängel
Zitronenwasser zum Einlegen

2 l Wasser
2 EL Zitronensaft
1 EL Mehl
6 Knoblauchzehen
1 dl/100 ml natives Olivenöl
extra
1/2 TL Meersalz

1 Glas mit Schraubverschluss
natives Olivenöl extra
zum Auffüllen

1 Die Kardystängel beidseitig kappen, die Stacheln wegschneiden, die Stängel mit einem Sparschäler großzügig
schälen, in 2 cm lange Stücke schneiden. Die Kardy-
stücke in das Zitronenwasser legen, damit sie sich nicht
verfärben.
2 Wasser, Zitronensaft und Mehl aufkochen, Kardy zufügen,
bei schwacher Hitze 20 bis 30 Minuten köcheln lassen.
Bei dieser Garmethode bleibt das Gemüse schön knackig.
Kardy abgießen und unter kaltem Wasser abschrecken.
3 Die Knoblauchzehen in feine Scheiben schneiden. Das
Olivenöl erhitzen, Knoblauch zufügen und bei mittlerer
Hitze hellgelb dünsten, Kardy zufügen und unter mehr-
maligem Wenden 3 bis 4 Minuten mitdünsten, abkühlen
lassen.
4 Kardy in das Glas füllen, mit Olivenöl bedecken. Kühl
lagern und innerhalb von 4 Wochen konsumieren.

Kokoscurry «Siam» mit Feuerbohnen

150 g Feuerbohnen oder Borlotti-
bohnen oder Kidneybohnen

1 EL Öl
2 kleine Zwiebeln
1 Knoblauchzehe
400 g gemischtes Gemüse,
z. B. Karotten, Knollensellerie,
Pastinaken, Kabis/Kohl,
Wirz/Wirsing
1 KL geriebene Ingwerwurzel
1–2 EL Curry, je nach gewünsch-
ter Schärfe
3 dl/300 ml Kokosnussmilch
1 TL Mehl
1 EL Zitronensaft
2 EL Sojasauce

1 Die Bohnen über Nacht in reichlich Wasser einlegen. Das
Wasser weggießen. Die Bohnen mit reichlich frischem
Wasser aufkochen, bei schwacher Hitze weich garen, etwa
40 Minuten.
2 Die Zwiebeln in feine Scheiben schneiden, die Knoblauchzehe fein hacken. Das Gemüse putzen/schälen und in
mundgerechte Stücke schneiden.
3 Zwiebeln, Knoblauch und Gemüse in einer weiten Bratpfanne andünsten, Ingwer und Curry mitdünsten. Das
Mehl mit der Kokosnussmilch anrühren, in die Pfanne
geben, aufkochen und das Ganze bei schwacher Hitze
knackig garen. Die Bohnen zufügen. Mit Zitronensaft und
Sojasauce abschmecken.

Tipp Tofuwürfelchen in wenig Öl separat braten und zum
Curry geben.

Abbildung

Flammenkuchen mit Stachys

Hauptmahlzeit

Hefeteig
400 g Dinkel- oder
Weizenweißmehl/Mehltype 405
1 TL Meersalz
10 g Frischhefe
ca. 2,5 dl/250 ml lauwarmes
Milchwasser (halb Wasser/
halb Milch)
50 g weiche Butter

Belag
250 g Sauerrahm/saure Sahne
oder Crème double
2 Knoblauchzehen
2 mittelgroße Zwiebeln
2 EL Kapern
150 g Speckscheiben,
in Streifen
100–200 g Stachys
Meersalz
frisch gemahlener
schwarzer Pfeffer
1 TL getrockneter Majoran

1 Für den Teig das Mehl und das Salz in einer Schüssel mischen, eine Vertiefung formen. Zuerst die Hefe, dann das Milchwasser in die Vertiefung geben, rühren, bis sich die Hefe aufgelöst hat. Die Butter in Flocken auf dem Mehlring verteilen. Alles zusammenfügen und zu einem geschmeidigen Teig kneten. Den Teig in die Schüssel legen, mit einem feuchten Tuch bedecken, bei Zimmertemperatur auf das doppelte Volumen aufgehen lassen.

2 Die Stachys putzen und im Dampf rund 5 Minuten garen.

3 Den Backofen auf 250 °C vorheizen.

4 Den Teig in 4 Portionen teilen, zu etwa 2 mm dicken Rondellen ausrollen, auf mit Backpapier belegte Bleche legen.

5 Die Teigrondellen mit Sauerrahm bestreichen. Die Knoblauchzehen und die Zwiebeln in möglichst feine Scheiben schneiden, zusammen mit den Kapern, den Speckscheiben und den ganzen oder eventuell halbierten Stachys auf den Teig legen. Mit Salz, Pfeffer und Majoran würzen.

6 Die Flammenkuchen im unteren Drittel in den vorgeheizten Ofen schieben, bei 250 °C 15 bis 20 Minuten backen.

Involtini mit Couscous-Lattich-Füllung

Hauptmahlzeit

Couscous
1,5 dl/150 ml Wasser
½ TL Meersalz
5 EL natives Olivenöl extra
70 g Couscous
1 Bio-Zitrone,
abgeriebene Schale
2 EL Zitronensaft
gemahlener weißer Pfeffer

12 Lattich- oder
Zuckerhutblätter

3 EL natives Olivenöl extra
8 große Rindfleischscheiben
zum Schmoren, je ca. 70 g
2 Kalbsknochen
1½ EL Mehl
1 Lorbeerblatt
1,5 dl/150 ml Roséwein
1,5 dl/150 ml Gemüse- oder
Fleischbrühe
Meersalz
Chilipulver

1 Das Wasser mit dem Salz und dem Olivenöl aufkochen, Couscous einstreuen und aufkochen. Die Pfanne von der Wärmequelle nehmen und das Getreide zugedeckt 5 Minuten ausquellen lassen. Zitronenschale und Zitronensaft unterrühren, mit Pfeffer abschmecken.
2 Die Lattichblätter im Salzwasser kurz blanchieren, unter kaltem Wasser abschrecken. Die Blätter längs halbieren, die Blattrippen entfernen.
3 Die Rindfleischscheiben mit Salz und Pfeffer würzen. Couscous darauf dünn ausstreichen, mit dem Lattich belegen. Die Längsseiten einschlagen, die Scheiben satt einrollen. Mit Zahnstochern fixieren.
4 Knochen im Olivenöl kräftig anbraten, mit dem Mehl bestäuben, dieses Farbe annehmen lassen. Involtini und Lorbeerblatt in die Pfanne geben. Roséwein und Gemüsebrühe angießen, erhitzen, würzen, bei schwacher Hitze zugedeckt 45 Minuten schmoren lassen.
5 Die Zahnstocher entfernen, Involtini schräg halbieren, auf vorgewärmten Tellern anrichten, mit der Sauce umgießen.

Produkteinfo Couscous wird aus Hartweizengrieß hergestellt. Das Getreide hat eine kurze Garzeit.

Zweifarbige Rösti

Beilage

3–4 EL Bratbutter/
Butterschmalz
300 g Karotten
400 g fest kochende
Kartoffeln, Typ A
Meersalz
getrockneter Thymian
50 geschälte Mandeln

1 Karotten und Kartoffeln schälen/putzen und auf der Röstiraffel reiben, mischen und mit Salz und Thymian würzen.
2 Die Bratbutter in einer nicht klebenden Bratpfanne erhitzen, Karotten-Kartoffel-Gemisch zufügen und unter zeitweiligem Wenden bei mittlerer Hitze 15 Minuten braten, die Mandeln die letzten 5 Minuten mitbraten.

Tipp Die Rösti passt ausgezeichnet zu den Involtini.

Süßes Sagoköpfchen mit Orangensauce

Dessert

für 4 Souffléförmchen

1 EL Korinthen
1 EL Rum
70 g Sago
3 dl/300 ml Milch
1 TL Maisstärke
2 EL Blütenhonig
1 kleiner Apfel
½ Bio-Orange,
abgeriebene Schale
je 1 Prise Zimt- und
Vanillepulver

Sauce
2 dl/200 ml frisch gepresster
Orangensaft
2 TL Blütenhonig
8 g Maisstärke

2–3 Orangen

1 Die Korinthen etwa 3 Stunden im Rum einlegen. Sago-
perlen 3 Stunden in der Milch einlegen.
2 Die Sagomilch in eine Pfanne geben, Maisstärke, Honig
und klein gewürfelten Apfel zufügen, unter Rühren aufkochen. Korinthen, Orangenschale, Zimt- und Vanillepulver
unterrühren, 5 Minuten bei schwacher Hitze köcheln. Die
breiige Masse in kalt ausgespülte Souffléförmchen gießen.
Sagoköpfchen während 3 Stunden fest werden lassen.
3 Für die Sauce Orangensaft, Blütenhonig und Maisstärke
unter Rühren erhitzen, 3 Minuten bei schwacher Hitze
köcheln, bei Zimmertemperatur abkühlen lassen, dann
kühl stellen.
4 Die Souffléförmchen kurz in heißes Wasser stellen, den
Rand mit einem Messer lösen, die Köpfchen auf Teller
stürzen, mit der Orangensauce umgießen. Mit Orangen-
filets und Orangenschalenstreifen garnieren.

Sago Gekörntes Stärkemehl, das aus Süßkartoffeln oder aus
der Sagopalme oder aus der Tapioka(Maniok)wurzel hergestellt wird.

Kartoffeltorte «Viola»

Dessert

**für eine Springform von
22–25 cm Durchmesser**

**200 g blaue Kartoffeln
160 g Zucker
4 Eigelbe von Freilandeiern
4 EL Kirsch
1 Bio-Zitrone, abgeriebene
Schale
4 Eiweiß
1 Prise Backpulver
200 g geriebene Haselnüsse**

1 Die Kartoffeln in der Schale weich kochen, noch heiß schälen und durch das Passevite/die Kartoffelpresse drücken.
2 Den Zucker mit dem Eigelb zu einer cremigen, hellen Masse aufschlagen, Kirsch und Zitronenschale unterrühren.
3 Den Backofen auf 180 °C vorheizen. Boden und Rand der Springform gut einbuttern, mit Mehl ausstäuben.
4 Das Eiweiß mit dem Backpulver steif schlagen.
5 Kartoffeln und Haselnüsse unter die Eigelbmasse rühren, den Eischnee in 2 bis 3 Portionen sorgfältig unterziehen. Die Masse in die vorbereitete Form füllen.
6 Kartoffeltorte in der Mitte in den Ofen schieben, bei 180 °C 45 bis 50 Minuten backen.

Blaue Kartoffeln Der Torte sieht man äußerlich nicht an, dass blaue Kartoffeln verwendet wurden; das «Innenleben» ist jedoch violett.

Tipp Die Torte erst nach 2 Tagen anschneiden, dann schmeckt sie am besten.

Süße Amarantkugeln

Dessert

**10 Dörrpflaumen
6 EL Sultaninen
1 Hand voll Haselnüsse
3 EL gepuffter Amarant
2 EL Mehl
1 kleine Bio-Orange oder
Bio-Zitrone, abgeriebene Schale
2 EL Zitronensaft
2 Prisen Zimtpulver
1 Prise Ingwerpulver
1 Prise Vanillepulver**

1 Dörrpflaumen entsteinen und möglichst fein hacken, Sultaninen und Haselnüsse ebenfalls hacken.
2 Pflaumen, Sultaninen, Haselnüsse, Amarant und Mehl vermengen, mit Zitronenschale, Zitronensaft und Gewürzen abschmecken.
3 Aus der Masse mit nassen Händen rund 30 Kugeln formen. Die Kugeln bei Raumtemperatur etwas antrocknen lassen, dann in einer Vorratsdose aufbewahren.

Tipp Die Amarantkugeln sind eine Woche haltbar.

Produktinfo Gepuffter Amarant ist im Bio- und Reformladen erhältlich.

Abbildung

Literaturverzeichnis

Dahl, Jürgen: Album Benary. Alte Gemüsesorten. Manuscriptum Verlagsbuchhandlung, 2000
Franke, Wolfgang: Nutzpflanzenkunde. Thieme, 1997
Helm, Eve Marie: Feld-, Wald- und Wiesenkochbuch. Heyne, 2001
Liebster, Günter: Warenkunde Obst & Gemüse, Band 2. Walter Hädecke Verlag, 2002
Neuer, Fred; Haager, Michaela: Aus dem Garten Eden. Verlag Christina Brandstätter, 2000
Pahlow, Mannfried: Das große Buch der Heilpflanzen. Bechtermünz, 1999
Sortenfinder. Pro Specie Rara
Teubner, Christian: Das große Buch der Gemüse aus aller Welt. Edition Teubner, 1995
Thüler, Maya: Wohltuende Wickel. Thüler Verlag, 1998

Adressen, die weiterhelfen

Alte oder seltene Gemüse, Kräuter und Wurzeln erhalten Sie häufig auf Wochen- oder Bauernmärkten oder in Naturkostläden. Darüber hinaus helfen Ihnen die folgenden Adressen weiter:

Verbände

Hier bekommen Sie Listen von Direktvermarktern, nach Bundesländern geordnet, die biologisch angebaute/erzeugte Waren anbieten.

Biokreis e.V. – ökologischer Anbauverband
Regensburger Str. 34
94036 Passau
Telefon 08 51 / 75 65 00
Fax 08 51 / 7 56 50 25
www.biokreis.de

Bioland Bundesverband
Kaiserstr. 18, 55116 Mainz
Telefon 0 61 31 / 23 97 90
Fax 0 61 31 / 23 97 927
www.bioland.de

Demeter – Marktforum e.V.
Brandschneise 2
64295 Darmstadt
Telefon 0 61 55 / 84 69 0
Fax 0 61 55 / 84 69 11
www.demeter.de

Naturland-Verband für naturgemäßen Landbau e.V.
Kleinhaderner Weg 1
82166 Gräfelfing
Telefon 089 / 89 80 820
Fax 089 / 89 80 82 90
www.naturland.de

Slow Food Deutschland e.V.
Geiststr. 81, 48151 Münster
Telefon 02 51 / 79 33 68
Fax 02 51 / 79 03 30 66
www.slowfood.de

VEN – Verein zur Erhaltung der Nutzpflanzenvielfalt e.V.
Sandbachstr. 3, 38162 Schandelah
Telefon + Fax 0 53 06 / 14 02
www.nutzpflanzenvielfalt.de

Versender

Firmen, die sich auf den Versand von Saaten oder Frischware seltener Gemüse und Kräuter spezialisiert haben.

Arche Noah – Gesellschaft zur Erhaltung der Kulturpflanzenvielfalt und deren Entwicklung
Obere Straße 40
A - 3553 Schloß Schiltern
Telefon +43 (0) 27 34 / 86 26
www.arche.noah.at

Berglandkräuter Hessen
Tannenbergerweg 11
36179 Bebra-Imshausen
Telefon 0 66 22 / 91 98 46

Bingenheimer Saatgut AG
Kronstr. 24, 61209 Echzell
Telefon 0 60 35 / 18 99 0
Fax 0 60 35 / 18 99 40

Dreschflegel-Versand
Pf. 1213, 37202 Witzenhausen
Telefon 0 55 42 / 50 27 44
Fax 0 55 42 / 50 27 58
www.dreschflegel-saatgut.de

Essbare Landschaften GmbH
Gutshaus Boltenhagen
18516 Boltenhagen,
Telefon 03 83 26 / 46 33 5
Fax 03 83 26 / 46 33 7
www.essbarelandschaften.de

Flora Frey GmbH
Dellenfeld 25
42653 Solingen
Telefon 02 12 / 25 70 0
Fax 02 12 / 25 70 22 2
www.florafrey.de

grüner tiger
Pfarräckerstr. 13
90522 Oberasbach
Telefon 09 11 / 69 84 30
Fax 09 11 / 69 84 30
www.gruener-tiger.de

Rühlemanns Kräuter &
Duftpflanzen
Auf dem Berg 2
27367 Horstedt
Telefon 0 21 31 / 66 68 27
www.ruehlemanns.de

Samen Schröder
Alt Vorst 16 a
41564 Kaarst
Telefon 0 21 31 / 66 68 27
Fax 0 21 31 / 66 95 58
www.samen-schroeder.de

Syringa-Samen
Postfach 11 47
78245 Hilzingen-Binningen
Telefon 0 77 39 / 14 52
Fax 0 77 39 / 6 77
www.syringa-samen.de

Buchempfehlungen

Das Balkon Kochbuch

S. Bingemer / H. Gerlach /
B. Bonisolli
Ein Kochbuch für all jene, die sich
ihre eigene kleine grüne Oase
auf Balkon und Fensterbrett ge-
schaffen haben. Das Buch macht
Lust aufs Gärtnern und Kochen
mit selbst angebautem Gemüse
und Kräutern.
ISBN 3-7750-0336-3

Hülsenfrüchte – mit vielen internationalen Rezepten

M. Cacciatore / C. Daiber
Sie denken bei Hülsenfrüchten
an Linseneintopf und dicke Erb-
sensuppe? Das ist zu wenig! Hier
kommt die neue Generation der
Hülsenfrucht-Gerichte: raffiniert,
exotisch und leicht zu kochen,
von der Vorspeise bis zum Dessert,
mit vielen Hintergrund-Infos.
ISBN 3-7750-0383-5

Warenkunde Obst

Prof. Dr. G. Liebster / H.-G. Levin
Das Fachbuch zum Thema Obst.
Einkaufsratgeber und Nachschla-
gewerk mit ausführlichen Informationen (Herkunftsland, Be-
schreibung, Inhaltsstoffe, Sorten,
Verkauf, Handelsklassen, Verwendung usw.) und Abbildungen
aller vorgestellten einheimischen
und exotischen Früchte. Mit Nähr-
wert-Tabellen, Hinweisen für die
Lagerung sowie einem Wörter-
buch der Früchtenamen (deutsch,
botanisch, englisch, französisch,
italienisch, spanisch, portugiesisch,
niederländisch).
ISBN 3-7750-0301-0

Warenkunde Gemüse

Prof. Dr. G. Liebster
Ebenso ausführlich wie „Waren-
kunde Obst" und in jahrelanger
wissenschaftlicher Arbeit gesam-
melt, bietet das Buch sämtliche
Informationen über Gemüsearten,
Pilze und Kräuter aus aller Welt.
Ein unverzichtbares Nachschlage-
werk für Profis und Laien.
ISBN 3-7750-0309-6

Kiehnle Kochbuch

Das Grundkochbuch mit rund
2400 Rezepten der deutschen und
internationalen Küche. Zuverlässig,
übersichtlich und solide: Kiehnle
Kochbuch – Tradition und Quali-
tät seit Generationen: moderne
Küchentechnik, bewährte Zube-
reitungsmethoden, Warenkunde
in Wort und Bild, Grundrezepte
vom Eier- und Kaffeekochen bis
zum großen Festtagsbraten, aus-
führliches Back-Kapitel, Sonder-
kapitel über Wein und den richtig
gedeckten Tisch.
ISBN 3-7750-0346-0

Weitere Informationen bei:
Walter Hädecke Verlag
Pf. 1203, 71256 Weil der Stadt
Telefon 0 70 33 / 13 80 80
Fax 0 70 33 / 1 38 08 13